UN

COUP D'ŒIL

AUX

ÉVÉNEMENTS CRÉTOIS

PAR

L'ALLIANCE PHILANTROPIQUE MUSULMANE

DE CRÈTE

PARIS

IMPRIMERIE L. LHEN

34, rue du Four, 34

1897

UN

COUP D'ŒIL

AUX

ÉVÉNEMENTS CRÉTOIS

PAR

L'ALLIANCE PHILANTROPIQUE MUSULMANE

DE CRÈTE

PARIS

IMPRIMERIE L. LHEN

34, rue du Four, 34

1897

PRÉFACE

Notre unique but en composant ce livre est de faire ressortir des évènements crétois, les conséquences de la situation politique de l'île et de mettre à jour toute la vérité qui, malheureusement n'a pas pu jusqu'à présent être reconnue d'une manière stricte par le monde civilisé. Les renseignements amples donnés dans ce livre sont puisés de sources si bien informées et si impartiales qu'il n'y a point lieu à se douter, ni de leur justesse ni de leur véracité.

Nos lecteurs honorables trouveront dans ce livre les tableaux touchants de tous les actes atroces, décrits d'une manière simple et très abrégée.

Au nom de l'humanité, nous avons jugé nécessaire de faire paraître un ouvrage pareil qui pourra constituer un petit livre d'histoire de Crète depuis 1821 jusqu'à nos jours et sera couronné du bon accueil de tout le monde.

Nous nous chargeons aussi de faire paraître chaque année une brochure pareille contenant tous les évènements avec des renseignements suffisants ainsi que des tableaux complets de la situation agricole et commerciale suivie de quelques observations bienveillantes ayant trait à la prospérité de l'île.

Nous prions nos lecteurs bienveillants de vouloir bien nous pardonner des impropretés et des défauts de langage qu'ils remarqueront assurément dans notre livre et nous espérons qu'ils daigneront l'étudier et prendre part à notre sentiment de compassion pour les musulmans de Crète.

UN COUP D'ŒIL AUX ÉVÉNEMENTS CRÉTOIS

CHAPITRE Ier

CAUSES PRINCIPALES DES RÉVOLUTIONS

En 1821, lorsque le comité des patriotes, sous le nom d' (Étéria) préparait les éléments révolutionnaires pour l'indépendance de la Grèce, les chrétiens qui habitent l'île, assistés par ce comité, eurent l'idée de se révolter pour demander à l'unanimité l'union de l'île à ce nouveau royaume.

Cette révolution faisait son apparition sous une forme purement nationale. Liés moralement par la religion, les mœurs et les caractères, les chrétiens de l'île firent tout leur possible pour atteindre ce but ; mais les circonstances les firent complètement échouer. Cela ne les découragea point, et, comblés de secours, les patriotes de l'île ne manquèrent à se révolter de temps à autre faisant parcourir à l'Europe civilisée de faux bruits qu'ils étaient accablés de joug et des barbaries des Turcs.

Ils se firent présenter au monde comme victime du fanatisme et du despotisme musulman. Ces plaintes suffirent pour attirer l'attention de l'Europe qui s'attendrit de telle sorte qu'elle prit en considération l'état de ces malheureux enfants de Jésus et voulut défendre leur cause pour les sauver de la tyrannie musulmane et améliorer autant que possible leur condition sociale supposée mise aux prises avec la persécution des Turcs.

Après la Révolution de 1866, qui dura trois ans grâce à l'appui de l'Europe. La Porte accorda aux Crétois quelques privilèges par l'entremise d'Ali Pacha. Les chrétiens, voyant que leur conduite insurrectionnelle loin d'être blâmée, aboutissant à des résultats pareils, s'enivrèrent de plus par des idées révolutionnaires qui émanaient directement de la Grèce.

De jeunes Crétois qui étaient envoyés terminer leurs études en Grèce, vinrent pour prêcher la Révolution à la populace qui ne demandait pas mieux. Les églises furent les lieux les plus propices pour ces prédicateurs ; on ne montait à la tribune que pour exciter les chrétiens contre le Gouvernement. Quant à l'usure, les chrétiens ne donnaient de l'argent qu'à un taux de 20 p. 0/0 au minimum ! (Il faut signaler ici que le Coran défend absolument le prêt avec intérêt).

Enfin la dernière avait la mission la plus vile et la plus féroce. Les membres de cette classe devaient voler et massacrer les musulmans ! !

Outre ces devoirs imposés, chaque chrétien qui pouvait se faire entendre auprès des Consuls devait toujours se plaindre de la cruauté des musulmans et exagérer les incidents les plus insignifiants pour leur donner une forme sinistre.

L'Europe croyait que les Crétois étaient assez civilisés pour profiter des privilèges qu'elle leur fit accorder. Mais elle est aujourd'hui d'avis, de concert avec nous, que toutes ces grâces n'ont contribué qu'à l'avilissement des mœurs et des caractères de ces pauvres ignorants.

Un peuple bien civilisé a droit à toute sorte de faveurs, il est capable d'en profiter pour se développer d'une manière complète il ne cherche que son bonheur, il n'aspire qu'à sa prospérité. Mais lorsque de pareilles faveurs sont accordées à un peuple presque sauvage, dépourvu de forces intellectuelles et morales, n'ayant pour seul but que le malheur de ses voisins, elles causent sa ruine matérielle et constituent un obstacle pour son développement moral.

Pendant la guerre Turco-Russe, les crétois trouvèrent l'occasion très favorable pour se révolter de nouveau avec l'espoir que cette fois, le Gouvernement impériale étant occupé par la guerre, il céderait à l'union de l'île à la Grèce ; ils échouèrent encore une fois, mais l'Europe, agacée par cet état de révolte, proposa à la Porte une solution rationnelle de la question crétoise. C'est à ce moment là que S. E. Mouhtar Pacha signa le pacte de Halépa en qualité d'envoyé extraordinaire de la Porte. Cette date est une juste limite du changement complet de la configuration des révolutions ; jusqu'à ce moment le mobile essentiel des révolutions n'était qu'une surexcitation purement nationale. Pour bien examiner les causes et les conséquences des révolutions nous avons jugé indispensable de suivre les périodes des gouverneurs généraux. Feu Costaki Pacha Adonidès qui occupait le rang de gouverneur général pendant la révolution, avait pris l'initiative de défendre et de protéger les insurgés si ouvertement que S. E. Mouhtar Pacha se vit obligé d'en porter plainte auprès de la Porte.

L'idée de devenir prince de Crète occupait beaucoup ce vieil administrateur doué d'une intelligence assez développée. Pour la réalisation de son rêve il cherchait à gagner la réputation de l'élément chrétien qu'il croyait assez habile pour le seconder. A cet effet il voulut désarmer les volontaires que l'Etat avait officiellement appelés au service ; quelques notables et hauts fonctionnaires du Vilayet étant pour lui un obstacle, il avait voulu s'en débarrasser pour avoir le champ libre. Parmi ces personnages nous citerons feu Hamid Bey Cassim Zadé, conseiller du gouverneur et Hassan Effendi Caour-Zadé.

Le consul d'Angleterre, M. Thomas Sandovith a réussi à faire intercaler dans le livre bleu une réflexion malveillante approuvant l'idée de Costaki qui voyait très dangereuse, pour l'île la présence de ces deux personnages. L'âge qui avait mûri la raison de ce vieillard n'a pu lui épurer ses sentiments qui étaient combinés avec la vanité.

Après Costaki : son Excellence Alexandre Karathéodory Pacha fut nommé gouverneur général pour cinq ans conformément au pacte de Halépa ; son séjour fut d'une très courte durée, de hautes fonctions l'ayant appelé à la Capitale ; comme il n'y a rien à remarquer durant la période (une douzaine de jours) de cet illustre diplomate, nous nous abstenons d'entrer dans de plus grands détails et nous consacrons une partie assez importante de notre livre au régime qu'il a suivi durant sa mission pour la seconde fois en Crète.

Alexandre fut remplacé par Photiadès Pacha. La nomination du Vali pour cinq ans fut un signe de la mise en exécution du pacte. Le peuple vota, les députés furent élus et l'assemblée générale se réunit.

Photiadès Pacha eut pour premier soin d'examiner les députés. Il constata qu'un des deux partis était très influent ; il commença à le seconder. Les fonctionnaires de l'autre parti furent destitués et remplacés par d'autres du parti influent. C'est de cette époque que date la mise en exécution de la dernière partie du serment religieux de 1866 que nous venons d'expliquer plus haut.

Une bande de jeunes chrétiens vinrent de la Grèce prêcher les massacres. Plusieurs criminels échappés à la justice furent amplement payés pour commettre des atrocités. Un grand nombre de musulmans furent tués et les assassins acquittés par les tribunaux, Prassian-Zadé Dervich Effendi, homme très énergique et bon patriote fut victime de ses protestations, ainsi que lui, plusieurs députés ont été menacés à plusieurs reprises d'expulsion par le gouverneur général.

Ce vénérable personnage fut à la fin massacré par un chrétien qui était, sans contredit, par des personnes occupant de très hautes positions. Le délai de la mission du gouverneur général ayant expiré, le parti qu'il protégeait s'adressa à la Porte et sollicite, contrairement à l'avis du peuple, son séjour dans l'île encore pour cinq ans. La Porte agréa cette demande et renomma Photiadès.

Pendant les élections qui suivirent sa nomination, son parti échoua complètement ; le gouverneur se vit dans une position très délicate. Il changea d'attitude et s'inclina vers le parti qui avait gagné, oubliant qu'il devait sa nomination au parti qui échouait cette fois. Le premier ne voulut pas accepter ses grâces tandis que le second le traita d'ingrat ; enfin tous les deux firent cause commune et demandèrent à l'unanimité sa destitution, ce que la Porte fit immédiatement.

Photiadès était un homme très intéressé. Photiadès Pacha dans le but de faire une inspection générale dans l'île confia ses fonctions à son conseiller Cassim-Zadé Hamid-Bey ; lui apprit la nouvelle alarmante que l'ambassade de Turquie à Londres lui avait communiqué dans la ville que la Crète menaçait de s'incorporer à la Grèce.

Cette nouvelle froissa Hamid-Bey en fidèle patriote qu'il était le fit abandonner son poste et travailla chez lui à l'égard de la Porte dans le sens opposé avec les notables de la ville. La Porte prit en considération les supplications des musulmans crétois et de cette sorte l'île ne fut pas privée de la haute suzeraineté de S. M. I. le Sultan, notre auguste maître. Cette démarche du gouverneur qui était d'une nécessité capitale dans des circonstances si périlleuses, pour l'île, est due non pas à sa fidélité, mais à ses intérêts purement personnels et à ses visées fantasques.

Comme preuve indiscutable des vices de Photiadès, nous pouvons indiquer et rappeler sa conduite ignoble durant sa mission d'ambassadeur à Rome.

Après la destitution de Photiadès, les chrétiens craignant de leur sort, invitèrent les députés musulmans à excepter auprès de la Porte quelques personnages de la mission de gouverneur de Crète. Parmi eux nous citerons : Costaki Pacha Adonidès (leur protecteur?); Jani Savas Pacha et Photiadès Bey (ex-prince de Samos). Les musulmans voyant que cette démarche était arbitraire et très inconvenante refusèrent nettement de s'adresser à ce sujet à la Porte et laissèrent les chrétiens agir ; mais leur démarche fut infructueuse, car deux jours après Savas arrivait à Crète. Les chrétiens lui firent un très mauvais accueil.

Ce gouverneur voulut protéger un des partis pour assurer sa position ; comme les chrétiens n'avaient pas confiance en lui, ils ne crurent à ses promesses qui n'avaient pour but (d'après ce qu'il avouait) que d'apaiser la haine chrétienne. D'autre part les musulmans convaincus qu'il allait tenir ses promesses portaient plaintes contre lui. Voyant qu'il ne pourrait se tirer d'affaire il dut donner sa démission. Costaki Pacha Anthopoulos (actuellement ambassadeur auprès de sa Majesté Britannique) fut nommé gouverneur général pour cinq ans. Ce diplomate constata dès son arrivée qu'il lui serait très difficile de s'entendre avec les autorités locales dont l'esprit n'était que trop troublé par l'effet des partis.

Les massacres qui continuaient depuis très longtemps faisaient pour lui une préoccupation douloureuse. Doué de sentiment très nobles Costaki se désolait en voyant des actes féroces commis par les chrétiens. Il fit tout son possible pour améliorer cet état de choses et empêcher ces scènes si tragiques. Malgré toute son assiduité, la situation allaient s'aggravant de jour en jour.

Pour comble de malheur, un des notables de Kidonia Arif

Agha Soulaki, célèbre par sa bravoure, fut massacré d'une manière féroce. Les habitants de la Canée eurent une secousse nerveuse provenant de leur douleur et s'adressèrent au gouverneur général qui, les yeux pleins de larmes, leur conseilla l'ordre et la tranquillité et leur promit de punir sévèrement les meurtriers. Grâce à l'habilité de S. E. Costaki, Edhem, Teufik et Hussein Pacha, l'ordre fut complètement rétabli.

Les chrétiens se basant sur les promesses de Savas Pacha, tenaient beaucoup aux privilèges et, de cette sorte, la situation du pays devenait de plus en plus grave et menaçante. Pour délibérer à ce sujet le peuple musulman élut comme délégués Edhem Bey Clapsar Zadé (de Rettimo), Ibrahim Bey Bedri-Bey-Zadé (de la Canée) et Moustapha Bey Papoudji Zadé (de Candie) qui se rendirent auprès de la Porte. Les délégués des chrétiens étaient : Nikolas Stavroulaki, Thiatraki, Jani Papadaki (journaliste) et Dandolos. La Porte nomma S. E. Mahmoud Pacha (actuellement ministre des travaux publics) et Ahmed Ratib Pacha comme envoyés extraordinaires.

Les délibérations étant finies et la question résolue, les hauts fonctionnaires quittèrent l'île après un séjour d'une quarantaine de jours. Cette solution ne plût à plusieurs chrétiens qui, le jour même du départ des hauts fonctionnaires osèrent se révolter et attaquer le village de Sebrona. Désespéré complètement du rétablissement de l'ordre dans l'île, Costaki Pacha dut donner sa démission. C'est alors que feu Nicolalai Sartinski Pacha vint remplacer Anthopoulos. Cet administrateur trouva le pays dans un état déplorable ; d'un côté une lutte continuelle régnait entre les deux partis et de l'autre, les mécontents du régime d'administration commettaient des méfaits terribles.

Nikolaki, ne put maintenir sa dignité, car lui aussi comme d'autres gouverneurs commença à protéger ouvertement l'un des partis. Il eut la maladresse de se laisser gouverner par les chefs du parti qu'il secondait de sorte que l'île dut souffrir des injustices et des méfaits sans nombre. Maintes fois il a été insulté (sifflé), mais comme il tenait beaucoup à sa position de gouverneur, il crut devoir supporter tous ces outrages.

Pendant sa tournée dans l'intérieur de l'île, Nikolaki fut

reçu à Arkhanès comme prince de Crète. Cette manifestation enchanta le gouverneur qui, le visage radieux saluait majestueusement la foule dont les cris montaient jusqu'aux nues.

Cette conduite du gouverneur est bien digne d'être blâmée. Il devait au moins, ne fut-ce qu'en apparence, refuser absolument ce titre.

RÉVOLUTION DE 1889

Les causes de cette révolution proviennent de la maladresse du gouverneur et du désir de la vengeance du parti qui avait la minorité. Ce dernier ne pouvant plus se faire entendre auprès du parti influent qui jouissait de la protection la plus ample du gouverneur, conçut l'intention de mettre en scène une question nationale afin de bouleverser l'opinion publique et mettre fin à cet état de persécution.

Nikolas Zouridis, Janni Mijaki, Aristidi Criari, Andréa Lakouri, Minos Issihakis, qui étaient les députés de la minorité proposèrent l'union de l'île à la Grèce. Ce coup audacieux excita les Musulmans des deux partis qui protestèrent contre cette proposition insolente d'une manière très énergique. Les députés chrétiens du parti opposé gardèrent le silence malgré eux ; car ils étaient sûrs que cette démarche illicite n'avait pour seul but que le renversement des choses ; ils ne pouvaient non plus désapprouver cette proposition, car les circonstances étaient d'un caractère très précaire. Après cet incident l'assemblée suspendit son cours et les députés de la minorité partirent le jour même de la ville pour se rendre aux villages afin de préparer les éléments de la révolution. Le gouverneur n'a pas pris aucune mesure pour empêcher les rebelles de sortir.

Sous la présidence de Kakouri, une sorte de gouvernement provisoire fut formé. Les révolutionnaires commencèrent à réduire les villageois chrétiens de sorte que leurs forces augmentaient de jour en jour. Les campagnards, dont l'ignorance nous est assez connue, accueillirent très favorablement l'idée des chefs. Leur premier soin fut d'attaquer à plusieurs reprises les troupes militaires et de tuer des villageois musulmans dont leur vie était peu cher. L'insuffisance des forces militaires et surtout le désaccord qui existait entre le gouverneur et le commandant empêchèrent l'étouffement de la révolte. Les musulmans de toute l'île qui habitent les villages épouvantés des atrocités des chrétiens se retirèrent dans les villes et débutèrent à répondre aux férocités de leurs compatriotes. Un grand nombre de fermes et villages musulmans furent incendiés ou dévastés. Informée de cet état de choses, la Porte destitua Nikolaki et envoya comme gouverneur d'intérim Son Excellence Ali Riza Pacha (ex-ministre de la Justice).

A son arrivée, il trouva le pays dans un désordre le plus complet ; il étudia bien la situation et informa la Porte que la paix consistait à la proclamation de l'état de siège.

GOUVERNEMENT DU MARÉCHAL CHAKIR PACHA

S. A. DJÉVAD PACHA

Huit jours après l'arrivée de Riza Pacha, Son Excellence Chakir Pacha vint le remplacer sous les titres de gouverneur général par intérim et commandant extraordinaire. Grâce à l'habileté de ce grand homme, l'ordre fut rétabli de telle façon que tout homme pouvait parcourir l'île d'un bout à l'autre sans courir aucun danger. D'après le Firman dont Chakir Pacha était le porteur, une amnistie générale fut proclamée et l'île privée de la moitié du revenu des douanes accordée par l'entremise de S. E. Mahmoud Pacha. L'impôt de la dîme fut tranformé en un paiement moyen calculé et fixé sur les résultats obtenus des productions de l'île pendant cinq ans. Plusieurs organes de la presse se plaignirent d'une manière insolente des injustices commises durant l'état de siège ; mais après une étude consciese on constatera que les arrêts lancés de la cour martiale sont d'une forme et d'une conformité absolue avec les lois.

Si l'on juge bien les mesures prises par Chakir Pacha, on arrive aisément à conclure que ce grand homme avait l'idée de faire dans Crête une station permanente militaire. A cet effet, il avait entrepris la construction de plusieurs garnisons en des endroits propices. Un grand hôpital militaire est la preuve de son intention. Personne ne peut nier que si Chakir Pacha réussissait à mettre en exécution ses projets si ingénieux, l'île jouirait pour toujours peut-être, d'une sécurité complète et d'une prospérité absolue. Chakir Pacha ayant terminé sa mission, il fut remplacé par S. A. Djévad Pacha (ex-grand-vizir). Durant le séjour de ce grand homme toute l'île jouit d'une sécurité satisfaisante, abstraction faite de quelques massacres. De hautes fonctions l'ayant appelé à Constantinople, il fut remplacé par S. E. Mahmoud Djellaleddin Pacha.

GOUVERNEMENT DE MAHMOUD PACHA

TOURHAN PACHA

Cet administrateur dont le talent est incontestable qui avait visité jusqu'à ce moment deux fois l'île et qui était bien au courant de tous les événements survenus, a su bien gouverner le pays pendant trois ans. Comme il avait bien étudié les mœurs et les caractères des habitants, il s'arrangea de façon à annuler l'influence de quelques individus qui formaient un obstacle pour le maintien de la sécurité. Jusqu'à ce moment le pays n'avait pas eu cette tranquillité. Tout le monde ne s'occupait que de ses affaires, on n'entendait plus les bruits affligeants des révolutions, la joie était commune, la prospérité faisait son apparition riante. Il est incontestable que ce régime d'administration ne plaisait pas à ceux qui ne visent qu'à leurs propres intérêts personnels et qui n'en jouissent certainement que pendant les révolutions. Comme le gouverneur général leur tenait fermement la bride, ils ne pouvaient pas exprimer ouvertement leur mécontentement. Malheureusement ils réussirent à faire de leur idée à la populace qui cemmença à réclamer secrètement les privilèges abolis par l'entremise de Chakir Pacha.

Pour bien examiner la situation des chrétiens, nous ajoutons qu'ils étaient divisés en deux catégories: la première se composait d'individus des patriotes (jadis très estimés !) qui, étant amplement payés par le gouverneur pour des missions secrètes (espionnage) voulaient sans doute ce régime d'administration qui les mettait à l'abri de la misère. Quant à l'autre catégorie, elle comprenait les mécontents qui n'avaient pas réussi par leur influence à obtenir quelques positions et être payés par le gouvernement.

A vrai dire leur mécontentement était assez ridicule ; mais leur indigence était extrême ; il est d'une nécessité absolue d'ajouter que dans cette classe il est très rare de voir un homme dont le revenu puisse égaler ses dépenses. Si l'on juge bien la situation de cette époque on doit conclure que la création d'emplois inouis reprochée si sévèrement à Mahmoud Pacha n'était qu'une mesure très efficace pour le maintien de la sécurité. Les sommes colossales répandues de cette façon étaient pour ainsi dire le prix et la rançon du sang qui devait sans doute couler si cette mesure n'était pas prise.

Ceux qui ont étudié les mœurs et les caractères du pays savent très bien qu'il est très difficile pour un gouverneur de gagner la réputation générale des habitants ; les événements décrits jusqu'alors peuvent nous en donner des preuves indiscutables. Grâce au zèle et à l'éloquence déployés par Mahmoud Pacha, tous les habitants montraient un très grand respect envers lui. Partout où il allait on l'accueillait avec enthousiasme. Un jour qu'il devait assister à un repas offert en són honneur par l'ermite du monastère célèbre d'Acrotiri, il avait été reçu à coups de cloches.

Mahmoud Pacha a fait preuve de sa capacité ; non seulement il devait remplir sa mission très délicate de gouverneur, mais aussi il était tenu à lutter constamment contre les intrigues étrangères qu'il a laissées infructueuses durant son séjour dans l'île. Le gouverneur qui prévoyait les conséquences qu'amènerait la conversation de l'Assemblée générale hésitait beaucoup à prendre une décision à ce sujet malgré les assurances du corps consulaire.

Cet état de choses fit augmenter de beaucoup le nombre des mécontents. Par mégarde, les maires qui étaient nommés en grande partie par le gouverneur, eurent la malheureuse idée de protester par écrit contre la conduite du gouverneur et demandèrent officiellement la convocation de l'assemblée. Ce coup a été provoqué par les mécontents et surtout par des promesses qui sèment dans l'île le venin des troubles et des intrigues. Les maires ne pensèrent point aux suites si l'Assemblée était convoquée, les élections des maires auraient lieu, et alors, eux-mêmes seraient mis de côté par le peuple qui les détestaient pour avoir servi aveuglément le gouverneur ; le gouverneur signifia que l'Assemblée sera convoquée si les maires reprennent leur protestation et retirent la note qu'ils avaient officiellement donnée. Il est inutile de dire que les maires se virent dans une position critique. Ils avaient reconnu leur faute d'avoir agi de la sorte.

Il n'osèrent pas retirer leur note et l'Assemblée générale ne fut pas convoquée. Cette conduite contribua beaucoup à l'augmentation du nombre des mécontents. La plupart des chrétiens accusèrent d'injustice cette démarche du gouverneur qui, à leur avis, n'était que trop arbitraire et n'avait pour seul résultat que la violation de leurs droits posés. Si les Crétois étaient assez civilisés, ils auraient pu jusqu'à présent user de ces « droits posés » pour le développement de la prospérité et au bien-être de leur pays ; mais hélas ! ils n'en usent que pour commettre des atrocités et pour donner satisfaction à leurs intérêts personnels qui tentent à envenimer et à tourmenter l'existence de leurs compatriotes musulmans qui, plus d'une fois ont fait preuve des sentiments fraternels qui les animent envers eux. Un pays jouissant de pareils privilèges devrait être le modèle de la richesse et de la prospérité ; mais au contraire, la Crête est un lieu de troubles presque constants, un centre de l'indigence et un foyer de l'anarchie. D'où proviennent donc tous ces malheurs ? Des abus de droit et des intrigues étrangères !

Mahmoud Pacha qui connaissait le juste degré de civilisation des Crétois, constata que la sévérité juste d'administration était le seul remède efficace de cette épidémie révolutionnaire qui ravageait l'île matériellement ainsi que moralement. La peine capitale ne s'exécutait pas depuis longtemps dans l'île grâce à la haute miséricorde de S. M. Impériale le Sultan, Notre Auguste Maître ; le gouverneur pensa que quelques exemples de cette peine feraient un grand effet à l'opinion publique ; le corps consulaire le félicite même de cette heureuse idée. La sentence de mort en due forme prononcée officiellement par les tribunaux criminels compétents contre cinq individus, confirmée par la Cour de Cassation et sanctionnée par Iradé Impérial, fit complètement changer de face à la situation de l'île et causa une secousse scandaleuse à l'opinion publique. Le corps consulaire qui avait tout d'abord approuvé l'idée du goûverneur général protesta énergiquement le jour d'exécution de cette sentence juridique.

Mahmoud Pacha fut accusé d'avoir commis une affreuse injustice. Si l'arrêt de mort de ces accusés émanait de lui, tout le monde était en son droit de blâmer cette conduite ; mais le gouverneur n'était que l'exécuteur d'un arrêt légal. Voici un entretien qui eut lieu entre le gouverneur général et un grand personnage.

— C'est avec grande stupéfaction que je vois l'exécution de deux chrétiens ! Jamais je ne croyais que votre excellence eut désiré une injustice pareille.

— Il faut apaiser votre surprise en pensant au malheureux musulman tué d'une manière si féroce.

— N'y avait-il pas aussi des criminels musulmans à faire exécuter ?

— Mais oui ! un criminel musulman se trouve pendu à ce moment à Rethymno ; je compte faire exécuter sans distinction tous les criminels qui seront accusés de mort.

On peut facilement se faire une idée de l'exaltation des esprits. Le lundi 1er Août 1894, au moment où le gouverneur était en train d'étudier une pièce officielle dans une chambre de sa ville sise à Halépa, (l'heure était assez avancée) une sourde détonation se fit entendre : le gouverneur gisait dans une mare de sang ; il était blessé au front. D'après le rapport officiel du conseil médical la blessure n'était pas grave et avait un m/m. de largeur sur deux de profondeur. Cet incident causa une stupéfaction générale.

Les poursuites judiciaires mirent à jour que les coupables étaient des indigènes. (Plus tard ils furent arrêtés et jugés).

Nous nous abstenons de discuter cet acte odieux en faisant remarquer à nos lecteurs honorables que des cas pareils qui sont très rares dans le monde civilisé sont en général un résultat d'intrigues ou de perversité.

Une semaine après cet incident fâcheux, Mahmoud Pacha fut remplacé par S. E. Tourhan Pacha.

Le pays se trouvait criblé de dettes et dans un désordre presque général. Les habitants se plaignaient hautement de la manière de perception de la dîme adoptée depuis le gouvernement de Chakir Pacha ; comme nous l'avons vu plus haut l'impôt était fixé et les habitants devaient payer même si les récoltes étaient complètement détruites de sorte que plusieurs d'entre eux furent obligés de vendre totalement leurs produits sans pouvoir verser la somme fixée. Pour améliorer la situation économique de l'île, le gouverneur se fit avancer du Trésor Impérial une somme de 25.000 livres turques. Contrairement aux conseils sincères qui lui étaient donnés par Mahmoud Pacha, Tourhan, ne prenant point en considération les raisons des emplois en surplus, il les abolit immédiatement et se mit à l'œuvre pour organiser des réformes radicales. Malheureusement rien ne put empêcher les massacres ; le jour même de la lecture du Firman de la nomination de Tourhan, quatre musulmans furent tués d'une manière lâche.

Les musulmans aussi se vengeaient, mais d'une manière insignifiante. Profitant des circonstances, les chrétiens qui ne visent toujours qu'à faire expulser les quelques esprits éclairés qui se trouvent heureusement dans l'île pour défendre les droits musulmans, firent parvenir jusqu'au gouvernement les faux bruits que les massacres commis contre les chrétiens étaient provoqués par un comité qui se compose de tous les notables musulmans !

Si la religion des musulmans leur permettait de commettre de pareilles atrocités, les chrétiens auraient dû beaucoup souffrir ; mais notre prophète n'a jamais prêché les massacres ; venez en Orient, venez en Crète, étudiez sur place les questions des nationnalités et vous constaterez avec satisfaction que le droit de toutes les races est plus respecté dans ce pays que partout ailleurs. Si un comité pareil existait, les choses n'auraient pas pris cette phase nébuleuse et les deux éléments seraient toujours exposés à d'affreuses conséquences. Cependant le gouverneur avait pris en considération ces faux bruits et s'apprêtait à expulser plusieurs notables musulmans. Comme diplomate accompli, il n'osa pas mettre ce désir en exécution, car ces personnages, informés de l'intention du gouverneur, lui signifièrent qu'ils n'accepteraient jamais la lâcheté d'être les mobiles et les provocateurs des massacres et demandèrent jugement au préalable. Plusieurs d'entre eux furent rassurés par le gouverneur même.

Tourhan Pacha a eu le malheur de ne pas étudier à fond la situation dangereuse de l'île. Il assurait à tout le monde que l'état du pays ne donnait lieu à aucune alarme et qu'il réussirait sans doute à la pacification complète. Mais malheureusement les choses n'étaient pas ainsi, les germes de la révolution commençaient à pousser très lentement. Sur ces entrefaites, Alexandre Pacha Karathéodory vint remplacer Tourhan.

GOUVERNEMENT DE KARATHÉODORY PACHA

Cet éminent dignitaire d'État fut accueilli avec un grand enthousiasme par les chrétiens. Des poètes composèrent de grands poëmes dans lesquels ils chantaient les talents, le patriotisme et le Palikarisme du gouverneur général. Les chrétiens crurent que la nomination de Karathéodory était un pas vers l'indépendance et lui donnèrent les titres les plus flatteurs. Alexandre Pacha dont l'âge a muri sa raison et développé son intelligence très remarquable ne s'impressionna point comme d'autres de toutes ces manifestations qui ne sont toujours que provisoires et, envisageant d'un pénétrant la situation de l'île, voulut tout d'abord scruter l'opinion publique afin de cueillir tous les moyens de pacification. Il appela plusieurs notables musulmans et chrétiens et leur proposa d'étudier les mesures nécessaires pour la stabilité et la sécurité.

Cette démarche mit à jour que Tourhan Pacha avait grand tort. Le gouverneur constata que loin d'être les provocateurs des crimes, les notables musulmans ne voulaient que de vivre en paix. Ils lui promirent tout concours possible. A l'exemple des musulmans, les chrétiens aussi exprimèrent le désir de vivre tranquillement. Malheureusement les événements démontrèrent que toutes les promesses des chrétiens n'étaient que fausses.

Conformément au Firman accordé à Chakir Pacha, le gouverneur ordonna les élections et convoqua l'Assemblée générale. Cinq jours avant la date fixée pour la cloture obligatoire de la réunion, le gouverneur général ainsi que le comité insurrectionnel crétois dont le siège est à Athènes, voulait soulever les chrétiens et poussés par la grande majorité des députés, déclara ja session officiellement close, les affaires publiques soumises à la discussion étant épuisées. Les députés de l'opposition, au nombre de cinq, pour effrayer leurs collègues et donner ainsi une preuve éclatante de leur Palikarisme dont l'écho serait vite transporté dans les journaux du petit royaume voisin firent déclarer par leur chef Siphaka en pleine Chambre que « les questions qui n'avaient pas été résolues au sein de l'assemblée le seront par les armes sur les montagnes ».

Nous sommes convaincus que cet éminent dignitaire d'Etat qui a toujours cherché à maintenir la dignité et l'honneur de son gouvernement n'a gardé le silence devant cet insolent qu'à cause de circonstances ; le pays manquait de forces militaires. Plusieurs fois Alexandre Pacha avait demandé des troupes; mais le commencement Tahssin Pacha assurait la Porte que les troupes qui se trouvent dans l'île étaient bien suffisantes pour le maintien de la sécurité. Hassan Pacha faisait cela pour démentir le gouverneur et montrer plus d'adresse et de capacité que lui devant la Porte, car il aspirait à la place du gouverneur général.

Après la clôture de l'assemblée, un comité anonyme appelé « Epitropie » fut immédiatement constitué dans la province d'Apocorona. Il n'avait pas le courage de prendre l'épithète « insurrectionnel » de peur que le peuple entier ne se sombra contre lui pour le réprouver. Les membres de l'Epitropie se voyant tout à fait privés de toute assistance de la part des paysans trouvèrent un moyen de séduction très sûr : ils allèrent à Vamos trouver les paysans et leur dirent qu'il fallait renvoyer absolument les gendarmes albanais, et pour cela il était d'une grande nécessité de les menacer. Voici comment les choses se passèrent.

Quelques chrétiens se trouvant dans un cabaret commencent à tirer des coups de fusils, les gendarmes arrivent à l'instant pour les empêcher ; les premiers firent feu sur les gendarmes qui ripostèrent, de cette façon un petit combat eut lieu.

Les habitants du village épouvantés de cet événement imprévu se retiraient dans des endroits plus sûr. Dans ce combat le sous-officier de la gendarmerie, Zékir Aga, un gendarme albanais, une petite fille âgée de neuf ans furent tués. Les chrétiens eurent un tué et deux blessés.

Les parents de ces derniers, enivrés par le sentiment de vengeance, s'unirent le lendemain avec les révolutionnaires et allèrent attaquer la garnison militaire. Un combat s'engagea, mais cette fois d'une manière très sérieuse. Le nombre des chrétiens atteint celui de 1500. Les troupes étaient insuffisantes pour le rétablissement de l'ordre, il fallut qu'on envoyat deux détachements de Rétimno qui durent s'ouvrir le chemin à coups de fusil jusqu'à Vamos. L'ordre se rétablit, mais les gendarmes albanais furent remplacés par des indigènes. Le succès de cet incident encouragea beaucoup les révolutionnaires et l'Epitropie quitta son siège principal d'Apocorona pour se rendre à Piscopie où elle devait attaquer de nouveau les troupes militaires. Un bataillon parti de Rétimno alla à sa rencontre.

Les révolutionnaires se voyant devant une force invincible, durent battre en retraite et allèrent à Alicambo où ils se croyaient plus à leur aise. Il est à remarquer que l'Epitropie avait pour acolytes des prêtres, dont le chef était papa Maleco. Les religieux devaient prêcher la révolution dans tous les villages qu'ils parcouraient avec l'Epitropie ! ! ! Il est très naturel que l'Epitropie élargit son cercle et à son arrivée à Alicambo, elle comptait plus de 5000 partisans. Dans le combat qui s'engagea avec les troupes il y eut un nombre assez remarquable de tués des deux parts. L'Epitropie se sauva de nouveau et se dirigea vers les montagnes. Les troupes se mirent à sa poursuite, mais les coups des cloches l'avertissait de leur arrivée, de sorte que grâce aux églises l'Epitropie put très facilement s'évader. Cette épitropie se livra maintes fois contre les musulmans de toute l'île à des actes criminels si infâmes que leur spectacle suffirait pour émouvoir les cœurs les plus insensibles.

Un jour l'Epitropie se trouvait dans un monastère à Yalia, les troupes qui étaient allées à leur poursuite durent battre en retraite à cause de quelques ordres donnés d'une manière très

maladroite. Cet incident causa de grands progrès pour l'Epitropie ; les citoyens même qui blâmaient la conduite des révolutionnaires et qui dans l'intérêt vital du pays leur avaient
envoyé les évêques de la Canée, de Rétimno et de Sphakia pour
les rappeler à la soumission, changèrent complètement d'avis et
commencèrent à protéger ouvertement ces agitateurs. Les
membres chrétiens du conseil admininistratif adressèrent au gouverneur général un rapport à titre officiel dans lequel ils accu-
saient le gouvernement Impérial d'avoir voulu poursuivre
l'Epitropie. Ce rapport est une preuve indiscutable des idées
malveillantes de l'élément chrétien. Ceux qui occupâient même
des fonctions publiques prenaient part à la Révolution! Alexandre
Pacha repoussa officiellement ce rapport auquel les membres
musulmans du même conseil répondirent d'une manière très raisonnable.

Pour porter au plus haut degré la haine de l'élément chrétien
contre les musulmans, les membres de l'Epitropie se tracèrent
une autre conduite : comme tous les meurtres chrétiens sont toujours attribués aux pauvres musulmans, les révolutionnaires
firent massacrer un individu nommé Roussochristodoulo et
dirent qu'un musulman l'avait tué. Plusieurs autres crimes furent
commis de la sorte et attribués aux musulmans. (Inutile de dire
que les enquêtes judiciaires mirent au jour les vrais auteurs de
tous ces assassinats).

Un autre incident très curieux nous montrera jusqu'à quel
point les choses étaient présentées sous un faux jour :

Un soir, vers minuit, le petit garçon d'un boulanger albanais
sortit précipitamment dans la rue en criant : « au secours ! les
musulmans nous assassinent ». Toute la ville se leva debout, les
chrétiens se barricadèrent dans leurs maisons, et les armes à la
main, attendirent les agresseurs. Les autorités locales arrivées
immédiatement trouvèrent le boulanger dans une mare de sang
on l'avait assassiné à coups de couteaux ; l'instrument du crime
se trouvait non loin de la victime ; le fils du boulanger avisé du
malheur qui venait de frapper son père, arriva à la boulangerie ;
les enquêtes avaient déjà depuis longtemps commencées.

Le couteau lui ayant été présenté, le fils de l'assassiné

reconnu qu'il appartenait au chef des garçons de la boulangerie. On le chercha partout ; mais on apprit le lendemain qu'il ne se trouvait pas dans la ville. On reconnu par des preuves confirmatives que le vrai assassin était le garçon. Celui-ci avait pris la fuite et s'était rendu à Kéramia après avoir commis le crime, assurant tout le monde que les musulmans massacraient les chrétiens dans la ville de la Canée.

Cette nouvelle enflamma les cœurs, tous les chrétiens se jurèrent vengeance. Un lieutenant accompagné de quelques gendarmes chrétiens (car les gendarmes musulmans ne pouvaient pas y aller ; ils risquaient d'être tués) se rendirent à Kéramia pour arrêter le coupable ; les paysans s'opposèrent et promirent de le punir sévèrement.

On peut se faire une idée de l'anarchie qui régnait dans l'île en prenant considération les obstacles que l'administration avait à aplanir.

Pendant ces jours, quelques criminels (membres estimés de l'Epitropie) allèrent à Pervolia trouver les paysans musulmans et leur dirent que leurs coreligionnaires étant en train de massacrer les chrétiens de la Canée, tous devaient se mettre en défense et s'enfermer dans leurs maisons en cas d'un soulèvement très probable contre eux. D'autre part, ils racontèrent aux chrétiens que les musulmans du village devaient les massacrer et leur conseillèrent les mêmes précautions.

Les deux éléments se mirent en garde et, le lendemain ils durent beaucoup rire de la ruse dont ils avaient été la dupe. Voilà donc la source des nouvelles dénaturées dont la presse européenne s'empresse d'accueillir sans les discuter d'une manière un peu raisonnable.

Pour qu'une nouvelle soit reconnue vraie par quelques organes pessimistes, il suffit qu'elle contienne quelque atrocité attribuée à l'élément musulman.

Heureusement que parmi ces organes de la presse, il y en a qui cherchent toujours la vérité et qui crient devant l'oppression et les cruautés des chrétiens de l'île. Pour finir la période d'Alexandre Pacha, nous devons signaler que les circonstances ayant atteint à un degré insupportable, les hauts fonctionnaires et les notables de la Canée adressèrent à S. M. une dépêche dans laquelle ils décrirent la situation dangereuse de l'île en sollicitant des mesures sérieuses. Alexandre fut remplacé par Tourhan (ex-ministre des affaires étrangères).

Ceux qui jugent consciencieusement les choses doivent être d'accord avec nous sur le compte de Karathéodory. On doit estimer le talent et surtout la fidélité de ce grand homme : mais malheureusement il a été complètement privé de toute assistance de la part des chrétiens pour le rétablissement de l'ordre il eut vraiment beaucoup d'obstacles.

GOUVERNEMENT DE TOURHAN PACHA

L'arrivée du gouverneur fit espérer un changement satisfaisant de la situation. Bien que Tourhan Pacha eut promis à tout le monde de rétablir l'ordre par voie diplomatique, il se laissa gouverner comme la première fois par les fonctionnaires chrétiens qui avaient des relations immédiates avec l'Epitropie.

Maintes fois des députations furent envoyées aux révolutionnaires pour les rappeler à la soumission, mais ni ces conseils, ni l'excommunication n'ont suffi pour les détourner de leur idée fixe. Le 14 mai 1896, les révolutionnaires allèrent assiéger le Conak de Vamos. Quoique le nombre des assiégeants fut supérieur à celui des assiégés. Ces derniers se défendirent très bravement. La situation était grave, mais le gouverneur et le commandant n'osèrent pas avertir la Porte de ce qui se passait, car l'un et l'autre avaient cru de leurs intérêts de cacher le péril qui menaçait Vamos.

Plusieurs musulmans demandèrent du gouverneur la permission d'aller sauver les assiégés, mais le corps consulaire s'étant opposé à cette démarche, les pauvres soldats et autres fonctionnaires ne purent se délivrer qu'après une quinzaine de jours de souffrances terribles. Les notables et les fonctionnaires musulmans adressèrent par télégramme une pétition à S. M. I. le Sultan lui décrivant le siège de Vamos. La Porte qui, jusqu'alors n'avait pas reçu d'informations si alarmantes, prit en considération cette requête ; le ministre de l'intérieur répondit à ce télégramme en ajoutant que des mesures essentielles et sérieuses seront prises pour le rétablissement de l'ordre. Le gouverneur n'était point d'avis qu'on s'adressât de cette façon à Sa Majesté ; il trouvait très fort le langage : il fallait dire que les soldats n'étaient point assiégés ! Pourquoi !

D'autre part le commandant ayant appris la démarche des musulmans n'avait demandé des secours militaires au Ministre de la Guerre. La Porte destitua le gouverneur ainsi que le commandant et les remplaça par S. E. Abdullah Pacha ; mais avant son arrivée, la ville de la Canée fut le théâtre d'un spectacle assez touchant qui a été malheureusement décrit d'une manière très exagérée par plusieurs organes de la presse. Voici tous les renseignements qui ont rapport à cet incident :

Les chrétiens qui concevaient depuis longtemps l'idée de faire un massacre général cherchaient la moindre occasion pour mettre leur projet en exécution. Les troupes militaires étaient occupées du siège de Vamos et de quelques massacres commis dans différents villages. Le 24 mai (premier jour de Bairam) fut fixé par l'Epitropie comme jour solennel du massacre. Les chrétiens habitant les villages situés près de la Canée s'esquivèrent furtivement pour aller rejoindre l'Epitropie qui fit assiéger les familles musulmanes et les gendarmes turcs qui se trouvaient dans les villages de Sébrona, Roumata, Moulété, Psyrès, Sirili, etc. Ces pauvres familles subirent de terribles épreuves. Il est prouvé que la veille du jour solennel, les chrétiens avaient massacrés une famille musulmane toute entière comme début de leur projet.

Ils avaient violé la femme et n'avaient pas même eu pitié des deux petits enfants. Cette scène sanglante eut lieu dans le village de Sirili. Les musulmans de la ville, avertis du projet infâme des chrétiens se mirent en garde. (Quelques vieilles chrétiennes avaient informé les musulmans de ce qui devait se passer le lendemain).

Le jour du Bairam, les mosquées se trouvaient presque vides pendant la prière, car les musulmans restèrent dans leurs domiciles. Les pauvres paysans assiégés étaient au courant de la situation, mais ils n'avaient pas pu se retirer dans la ville. Dans la matinée de ce jour, une trentaine de musulmans furent mis à mort d'une manière féroce dans différents villages. La nouvelle terrible des massacres bouleversa les musulmans de la Canée.

Quelques musulmans qui avaient des parents parmi les assiégés étaient naturellement exaspérés, et, dans leur légitime indignation, ils demandèrent des armes au gouvernement général pour venir en aide à leurs frères en danger. En ce moment lorsque les autorités supérieures du pays, avec une éloquence patriotique, parvenaient à calmer la surrexcitation des esprits et que les musulmans allaient se retirer dans leurs foyers, Georgi Kadjabachaki, cavas du Consulat de Russie (il est originaire d'Apocorona et célèbre par son Polikarisme), accompagnés par quatre chrétiens armés, arriva à la porte de la ville qui était fermée et signifia à l'officier Féizi agha le désir de sortir avec ses acolytes. L'officier lui dit qu'il avait reçu l'ordre formel de ne laisser personne sortir, et que, à part ses compagnons, lui tout seul était libre, pour toute réponse, le cavas fit feu à deux reprises sur l'officier qui fut atteint au front et qui tombait évanoui, quelques soldats accoururent pour le soulever, mais le Cavas continuait des coups de revolver sur ceux qui s'en approchaient, Hadji Abdullah originaire de Tripolie tomba mort sous un coup qui lui traversa la poitrine; tous les chrétiens qui habitaient aux environs de la porte de la ville s'enferment dans leurs maisons et commencent à tirer sur les soldats qui cherchent à rétablir l'ordre. D'autres, qui habitent dans des quartiers différents, couraient en criant: on nous massacre! Dans cet intervalle, Georghi, le cavas du Consulat de Grèce, Ibrahim Effendi et Emin Effendi furent tués par des coups de fusil. Ce dernier qui était membre du conseil administratif et qui par hasard se trouvait en ce moment terrible près de la porte avait voulu prêcher le calme et la tranquillité. Le général d'artillerie, S. E. Moustapha Pacha qui se dirigeait à cheval vers la porte fut assailli par une pluie de balles, mais ce courageux militaire ne changea point de direction et se rendit sain et sauf à la place des crimes. Les troupes ne firent feu sur les chrétiens rebelles qu'après avoir reçu l'ordre formel de tirer. Contrairement aux informations des articles erronés qui abondèrent la presse, nous pouvons déclarer officiellement au public qu'aucun musulman n'avait pas pris part durant cette rixe et que les soldats ne tiraient que sur ceux qui continuaient à faire feu. Nous prenons à témoin M. Yanni le pharmacien et Malinaki qui se trouvaient dans ces moments sur leurs balcons. Dans tout autre pays cette situation eût pu avoir de funestes conséquences ; mais, grâce à l'esprit humanitaire traditionnel chez les musulmans, les choses n'eurent aucune autre phase plus terrible. Les atroces nouvelles de quelques correspondants malveillants sont complètement dénuées de fondements. Ceux qui ont osé raconter des incidents exagérés et inventés par leur imagination ont été désapprouvés d'une manière sévère par plusieurs organes de la presse impartiale.

Dans cet incident, la conduite de S. E. Moustapha Pacha est bien digne de louanges, le brave militaire a montré tant de zèle pour le rétablissement de l'ordre qu'il mérita la réputation générale des autorités locales ainsi que les remerciements et les félicitations sincères de l'honorable corps consulaire. Pendant ce jour néfaste, il y eut un grand nombre de méfaits commis par les chrétiens : ainsi dans les villages Angueliana et Dalanibelles, les chrétiens au nombre de deux mille assiégèrent les familles musulmanes qui durent subir de terribles épreuves ; à Ladjina deux musulmans furent arrêtés dont l'un a été blessé et l'autre égorgé comme un mouton par les chrétiens. Le lendemain lundi deux musulmans Ibrahim Kaouraki et Hussein Kmtaki furent blessés ; ce dernier est mort quelques jours après. Le lundi ainsi que le mardi quelques chrétiens tirèrent de nouveau par les fenêtres sur les patrouilles et tuèrent la sentinelle de service à la caserne. Outre les musulmans tués dans différents villages de l'île, cinq femmes, quatre enfants et trente et un hommes ont été cruellement tués pendant ces jours à la Canée aux alentours et dans les villages cernés par les chrétiens tous les autres paysans doivent leur vie au courage et à l'héroïsme avec lesquels ils ont pu faire face aux attaques des chrétiens.

Nous ne pouvons pas décrire toutes les scènes sanglantes qui eurent lieu contre les musulmans ; on pourrait composer des tragédies très touchantes ; lesquels détails que nous donnons sur ce sujet et les rapports adressés au corps consulaire par les députés musulmans suffiront pour donner une idée à nos lecteurs honorables sur le compte des musulmans qui sont connus chez tout le monde civilisé comme des barbares et qui, cependant ont fait preuve plus d'une fois de leurs sentiments humanitaires envers leurs compatriotes chrétiens.

GOUVERNEMENT D'ABDULLAH PACHA

Le vendredi 29 mai S. E. Abdullah Pacha arriva à Soude avec des forces militaires. Il fit sortir la moitié des soldats à Calivés; ceux-ci munis d'un plan dressé par lui-même se dirigèrent vers Vamos pour sauver les assiégés. Le lendemain une dépêche annonçait la prise de Vamos d'une manière glorieuse. Cet incident ranima tous les esprits paisibles. Abdullah Pacha qui est renommé par ses talents militaires et par ses qualités admininistratives montra dès son arrivée qu'il serait le pacificateur de l'île.

Le 7 juin grâce à l'habileté de ce grand homme, les habitants musulmans de Sébrona et de Roumata furent délivrés. Ils étaient assiégés par les chrétiens depuis dix-huit jours. Voici quelques détails concernant à ce sujet.

Lorsque les musulmans de Sébrona et de Roumata furent assiégés par les chrétiens, les habitants musulmans de Pervolia enfermèrent dans une maison soixante-dix chrétiens et les tinrent comme gage de leurs coreligionnaires assiégés. Dans cette foule il n'y avait ni femmes ni enfants ; on les avait amenés dans les églises. Les assiégés chrétiens ne furent privés de rien et jouirent d'une hospitalité irréprochable ; au contraire les pauvres musulmans subirent des excès indescriptibles.

M. Paul Blanc, consul de France avait voulu accomplir par voie de médiation un acte généreux et humanitaire : il proposa aux deux éléments de livrer respectivement les assiégés ; les musulmans y consentirent tandis que les chétiens refusèrent nettement ce mode d'arrangement pacifique. Ce ne fut donc qu'à l'aide de soldats que les musulmans de Sébrona et de Roumata se délivrèrent des atrocités des chrétiens.

Voici la situation de l'île à cette époque : les familles musulmanes s'étaient retirées ou dans les villes ou bien dans les endroits fortifiés par des troupes impériales, les chrétiens étaient en dehors des cordons militaires et la communication était complètement suspendue entre les deux éléments.

De temps en temps les chrétiens venaient attaquer les musulmans dans les endroits où ils se trouvaient, des combats s'engageaient ayant presque toujours pour résultat quelques tués et blessés des deux parts. L'élément chrétien était secondé par l'étranger ; des armes et munitions lui arrivaient à profusion au moyen des bateaux ou des voiliers ; un grand nombre de volontaires étaient venus pour combattre avec les musulmans. Abdullah Pacha a été attaqué très injustement par des journaux grecs et surtout par quelques organes de la presse européenne, qui consacrèrent au compte de ce grand homme des articles si erronés qu'on pourrait être en droit de supposer chez l'écrivain une certaine dose de parti pris et de partialité.

Ainsi le *Times*, journal très estimé en Europe, qui, pendant la Révolution de 1889, insérait des articles très justes et décrivait les atrocités des chrétiens tout en exprimant d'une manière sévère l'idée qu'un peuple pareil n'a aucun droit à des privilèges qui ne contribuent qu'à l'avilissement de ses caractères, avait pris cette fois l'initiative d'attaquer les musulmans et le gouvernement et de rapporter tous les faits puisés dans les journaux grecs.

Mais heureusement le *New-York Hérald* a mis au jour la vérité complète et de cette façon, le monde qui ne connaît pas les musulmans, a pu trouver satisfaction dans son opinion. Ce journal, le plus riche et le plus indépendant qui existe, a bien choisi son correspondant spécial qui a su accomplir sa mission d'une manière très juste et très stricte. Les articles et les nouvelles de ce correspondant très impartial ont fait comme toujours un grand bruit dans toute la presse du monde. D'autre part, les journaux qui n'ont pas voulu envoyer des correspondants spéciaux eurent le malheur d'être la dupe des journalistes grecs.

GOUVERNEMENT DE G. PEROVITCH PACHA

Les circonstances politiques changèrent complètement la situation de l'île. Abdullah Pacha garda les fonctions de commandant. Le gouverneur général convoqua l'assemblée. Les députés chrétiens trasmirent au gouvernement ainsi qu'au corps consulaire un mémorandum rempli de réclamations dangereuses pour l'île, et, plusieurs d'entre eux allèrent rejoindre l'Epitropie dont ils étaient pour ainsi dire les représentants.

Pour donner une forme plus grave à la situation, les chrétiens commencèrent à émigrer en Grèce. C'est à ces moments que les organes pessimistes s'acharnèrent contre « les musulmans barbares ». Voici le résumé d'un article lu dans un journal grec :

« Le monde civilisé doit jeter un regard miséricordieux sur
« ces pauvres chrétiens de Crète. Ils sont tués, volés, et expulsés
« par les barbares ; venez, chers frères, voir ces misérables per-
« sécutés, votre cœur saignera et vos yeux se rempliront de
« larmes. Aidons nos frères qui sont les victimes du despotisme
« et du fanatisme des musulmans et qui cherchent au prix de
« leur sang à se jeter dans les bras de notre mère (la Grèce) si
« chère ».

Nous ne pouvons passer sous silence les vrais mobiles de ces plaintes : L'Epitropie, de concert avec le comité révolutionnaire d'Athènes.

Nous jugeons inutile de chercher à démontrer la fausseté de pareils articles.

Les députés musulmans, à part des requêtes adressées à S. M. I. le Sultan, adressèrent un mémomandum au gouvernement et aux consuls des grandes puissances répondant aux propositions et aux réclamations de l'Epitropie. Nous reproduisons textuellement dans notre second chapitre cette pièce qui est digne d'être bien étudiée et prise en considération par les grands personnages qui s'occupent de la politique de Crète. Si les grands diplomates laissent de côté les intérêts politiques qu'ils sont tenus à défendre et jugent consciencieusement la situation de l'île, nous sommes bien convaincus qu'ils ne tarderont pas à approuver le contenu de cette pièce et à remarquer sans contredit le désir unique des musulmans de vivre tranquillement sous des lois justes et égales. Mais l'importance politique de l'île est toujours le voile de la vérité. La diplomatie ne veut pas entendre raison.

Peronitch Pacha, homme très juste et fonctionnaire fidèle à son gouvernement qui connaît très bien le pays ainsi que les caractères et les mœurs des habitants, a bien su gouverner l'île dans ces circonstances très délicates. Tout le monde est d'accord que cet administrateur qui depuis très longtemps occupe des fonctions très importantes a toujours cherché à maintenir la dignité de son gouvernement et a accompli toutes ses missions avec une justice et une capacité remarquables. Nous croyons de notre devoir d'ajouter aussi qu'en Europe cet administrateur jouit d'un estime assez satisfaisant.

D'après l'arrangement conclu entre S. M. I. le Sultan, notre auguste maître et les grandes puissances, l'administration de l'île subit un changement important. La nomination pour cinq ans de Perovitch Pacha causa une joie générale dans tous les cœurs des musulmans et dans ceux de plusieurs chrétiens. Nous espérons que cet éminent dignitaire d'Etat doué de qualités si humanitaires réussira dans sa tâche si difficile et si délicate. Nous lui souhaitons des succès éclatants et nous nous faisons un grand plaisir à espérer qu'il usera de ses pouvoirs si immenses pour le développement complet du bien être et de la prospérité du pays.

Pour finir notre premier chapitre, nous croyons bien ajouter que l'île a beaucoup besoin d'une administration juste et impartiale combinée avec des efforts tendant à porter à un degré plus supérieur la civilisation de la population et son développement moral.

CHAPITRE II

PIÈCES ADRESSÉES A MESSIEURS LES CONSULS DES GRANDES PUISSANCES

Mémorandum suivi d'une liste adressée le 18 juin 1886 par quelques notables au nom de tous les musulmans aux Consuls des Grandes Puissances.

MONSIEUR LE CONSUL,

Nous prenons la liberté de vous soumettre sous ce pli la liste des crimes qui ont été commis depuis le 24 mai dernier jusqu'au 6 juin courant.

Nous espérons que cette liste qui est un sanglant tableau des derniers évènements attirera votre attention tout en indiquant les vrais coupables de ces fâcheuses circonstances.

Nous croyons bon d'ajouter à cette liste les renseignements suivants afin de vous fournir tous les éclaircissements qui pourront vous être utiles pour défendre les malheureux musulmans contre leurs persécuteurs.

Les musulmans avaient appris par certaines familles chrétiennes que le jour de la fête, c'est-à-dire le 24 mai dernier, les chrétiens, habitant dans les villages, préméditaient de se jeter à l'improviste sur les musulmans pour les exterminer.

Le plan fut mis en exécution dans le village dès dimanche matin 24 mai. Cette nouvelle vint immédiatement confirmer les appréhensions des habitants de la ville.

Les parents des paysans qui étaient mis en but, s'empressèrent d'informer le gouvernement afin d'en obtenir l'assistance nécessaire et la permission d'aller, eux-mêmes, porter secours à leurs parents demeurant dans les villages attaqués. A six heures et demi de cette même journée le Cavas du consulat de Russie sortait de la ville accompagné de quatre individus chrétiens.

Feizoullah, officier de la gendarmerie, commis à la garde de la porte de la ville lui dit, dans le but de prévenir quelque malheur, qu'il n'était pas opportun de sortir en présence de telles circonstances, avec ceux qui l'accompagnaient.

Le Cavas sans autre prétexte, lui tire alors deux coups de revolver qui ne firent que blesser l'officier en question et il porta un troisième coup à un arabe qui se trouvait près de là et qui expira aussitôt. C'est donc cet incident tragique qui répandit l'alarme au milieu de la population.

Les chrétiens comme pour obéir à un mot d'ordre, s'enfermèrent immédiatement dans leurs magasins et dans leurs maisons et se mirent à tirer sur les passants sans distinguer les civils des militaires.

Monsieur le consul d'Autriche-Hongrie (*) qui passait par hasard, aperçut heureusement cette scène tragique et son témoignage est une excellente garantie pour décharger les musulmans de la responsabilité qu'on veut leur laisser.

Faut-il accuser les troupes d'avoir riposté aux attaques qu'on leur faisait ? Non, parce que les troupes ont pour mission de maintenir la paix et de réprimer, malgré tout, de pareilles révoltes, n'ont fait que leur devoir en tirant sur ceux qui, cachés derrière les volets de leurs fenêtres et dans leurs magasins s'acharnaient à tirer sur eux, attendu que, dans les quartiers où l'on n'a point attaqué les troupes, les soldats non plus, ne se servirent point de leurs armes contre les chrétiens. Si surtout les musulmans ou les troupes avaient l'intention de tuer les innocents, n'y aurait-il pas eu de portes forcées ou de volets brisés et n'aurait-on pas trouvé le moyen de pénétrer dans les maisons où l'on prendrait un grand nombre de personnes désarmées et incapables de se défendre qui céderaient à la volonté des agresseurs ?

Heureusement nous n'avons à déplorer aucun acte de ce genre, ce qui prouve amplement l'innocence des musulmans et qui met surtout en évidence la culpabilité des chrétiens.

Voilà donc à quoi se réduit cette question de massacre dont les musulmans sont loin d'être les promoteurs. Certains journaux

(*) M. le Consul n'accepte officiellement ce témoignage qu'en partie.

et particulièrement les journaux grecs, voulant soutenir la cause des insurgés, prétendent que pendant l'intervalle de ces douze jours (du 24 mai au 6 juin) un grand nombre de chrétiens innocents ont été la victime des musulmans.

Nous croyons qu'il est de notre devoir d'indiquer, au monde la vérité, le chiffre exact des victimes chrétiens qui ne dépasse pas le nombre de quarante-cinq.

Il est à remarquer que les soldats tués un peu partout, n'ont pas été compris dans la liste que nous vous présentons. C'est pour cette raison que nous ne tenons pas compte non plus des chrétiens qui moururent pendant la guerre et dont nous ne connaissons point le nombre exact. Nous ne pouvons cependant passer sous silence les deux soldats qui ont été tués dans la ville pendant qu'ils essayaient à rétablir l'ordre et à apaiser la terreur qui régnait dans la place.

Pour ce qui concerne les dégâts matériels, il faut reconnaître que les dommages soufferts par les cultivateurs musulmans sont considérables. On sait parfaitement bien que la plupart des paysans ont quitté leurs foyers sans avoir pu emporter ni les denrées, ni leurs bestiaux, ni les effets, ni les meubles qu'ils possédaient ; tout cela a été pillé par les chrétiens qui, après avoir emporté tout ce qu'ils ont trouvé dans les habitations désertées y ont mis le feu, de sorte que les légitimes propriétaires de ces maisons restent aujourd'hui nus et affamés, réduits à se coucher à l'abri des arbres et à errer sans savoir ce qu'ils vont devenir. Les moissons même qu'ils avaient semées à la sueur de leur front et qui seraient leur unique moyen de subsistance pour l'année prochaine, tombent en ce moment sous la faux des ennemis qui en veulent à leur vie et à leur bien.

L'accusation dont on cherche à charger les musulmans d'avoir démoli les églises et détruit les tombeaux chrétiens est absolument fausse. En supposant même qu'on ait commis quelque chose de pareil, le mal en serait relativement nul, car les mosquées détruites par les chrétiens et les cimetières qu'ils ont convertis en champ de blé sont très nombreux (*).

La situation où se trouvent les musulmans est donc très cri-

(*) Voir le chapitre relatif.

tique et digne de toucher les cœurs même les plus récalcitrants. Que ceux qui occupent de hauts rangs d'où ils peuvent rendre justice à ces infortunés paysans, que ceux qui connaissent le remède d'une telle maladie qui dépasse en gravité les épidémies même les plus effrayantes, que les personnalités influentes enfin consultent leur conscience et daignent tendre la main à des misérables qui sont entraînés dans ce torrent de dévastateurs et dont le sort mérite d'attirer l'attention du monde entier.

Les relations avec l'intérieur se trouvant entrecoupées en ces moments on ne sait pas encore si d'autres villages ont été démolis (*).

LISTES DES CRIMES DE RETTIMNO

Le district de Rettimno, en exceptant la ville seulement n'a été exempt des maux dont notre arrondissement a souffert. Nous ne connaissons pas encore les noms des victimes succombées aux attaques des chrétiens et nous ne saurons en donner le nombre (**). Il nous sera pourtant facile en cas de besoins de vous procurer tous les renseignements qui y ont rapport.

Voici ce que nous connaissons d'une manière positive :

Personnes assassinées, douze, parmi lesquelles un enfant de neuf ans. Citons aussi une femme qu'on fit danser après l'avoir obligée de quitter tous ses vêtements.

Les dégâts faits dans les villages de Rettimno et dans les cantons de ce district sont : (***)

Dans le canton de Rettimno on a brûlé 4 mosquées et détruit 6 villages

—	Milopotamo	— 2	—	4 —
—	d'Amori	— 4	—	7 —
—	Aios Vassili	— 1	—	3 —
		11		20

(*) A part les villages et les mosquées que nous venons de voir et de ceux que les députés ont énumérés dans un autre mémorandum, nous pouvons déclarer officiellement que toutes les mosquées et tous les villages lointains des villes qui se trouvaient à la portée des chrétiens sont complètement ou en partie détruits (cette déclaration est basée sur des constatations spéciales).

(**) Voici les noms des victimes et leur vrai nombre : Rettimno : Ismaïl, Hanan Azzki, Almed Nouradaki, Hassan Effendi Coskinaki ; du canton d'Amori : Tchomidaki, Zekiraki Ali, Ali Kaliandjaki ; du canton de Rettimno : Moulla Noussouf, Békiraki, Osman Lahouridaki, Ali Kranoukaki, Hassan Behloulaki, Mehmer Skinoglaki, Hassan Azizaki (gendarme), Salih Badouraki, Merdjan Lguitaki, Békir Messaritaki, Kassim Menloudaki, Husseïm Neonaki ; du canton de Milopotamo : Hassan Menloudaki, Mehmed Osman Agadaki. Mehmed Chabanaki, Moustapha Karaloki.

(***) On a constaté beaucoup plus de dégâts faits pourtant après la rédaction de ce memorandum.

TRADUCTION DE LA REQUÊTE ADRESSÉE
EN DATE DU 30 JUIN 1896 PAR LES DÉPUTÉS MUSULMANS
A MESSIEURS
LES CONSULS DES GRANDES PUISSANCES

Le gouvernement impériale ottoman dans l'excellent intérêt de mettre un terme à la déplorable situation qui depuis un an déjà ruine notre pays et pour pacifier l'insurrection actuelle, a informé le public par ses circulaires du 20 et 21 juin courant que la Convention de Halépa portant les réformes faites en 1895 venait d'être remise en vigueur.

Puisque les puissances européennes, poussées par un sentiment d'humanité, veulent bien aujourd'hui marcher de concert avec la Sublime Porte pour rétablir la paix parmi les habitants de toutes classes et assuré ainsi la sécurité publique, nous prenons la liberté de vous soumettre, en notre qualité de députés des habitants musulmans, certains points très importants qui ont trait à cette question. L'expérience douloureuse qui a été faite nous a prouvé malheureusement que la Convention de Halépa établie pour servir de base à toute l'amélioration, n'a point produit lorsqu'elle était en vigueur, les résultats qu'on était en droit d'en attendre.

Le but qu'on s'était proposé n'a pu être atteint, précisément parce que l'organisation du double ressort de la justice et de la gendarmerie dont le bon fonctionnement est la plus juste garantie de la sécurité et de la conservation de nos droits a été très défectueuse.

Pourtant les principales aspirations des musulmans sont de réussir à vivre fraternellement avec leurs compatriotes chrétiens sous un régime assurant le bon ordre et la tranquillité absolue et de profiter de tous les moyens qui peuvent mener au relèvement positif des intérêts communs aux deux partis.

Mais il est vraiment douteux pour nous que si l'organisation du double ressort reste identique dans son application et si elle ne garantit pas intégralement les droits des deux éléments, les intérêts moraux et matériels de la population musulmane qui forment pourtant une partie très importante des habitants et qui a des intérêts considérables dans le pays seraient plus attaqués que jamais et les réformes auraient dans ce cas les effets les plus funestes.

Par conséquent, nous sollicitons de votre gouvernement la faveur qu'il prenne en considération les droits et l'avenir de la minorité et ne les sacrifie pas aux réclamations outrées et radicales de la majorité. C'est surtout, nous le répétons, au mode de fonctionnement de la justice et de la gendarmerie que nous prions votre gouvernement de veiller, nous avons la certitude qu'au nom de l'humanité et de la civilisation il daignera prendre en considération notre demande et sauvegarder nos intérêts menacés.

Veuillez porter ces points importants à la connaissance du gouvernement que vous représentez et agréez, Monsieur le consul l'assurance de nos sentiments de respectueuse considération.

(Suivent les signatures de vingt et un députés musulmans de l'Assemblée générale).

Mémorandum adressé le 22 juillet 1896 aux Consuls des Grandes Puissances de la part des députés musulmans répondant aux propositions des chrétiens.

MONSIEUR LE CONSUL,

Les trente-neuf députés chrétiens de l'Assemblée générale de Crète ont adressé au gouvernement, à MM. les consuls des grandes puissances en date du 3 juillet courant une requête contenant les modifications qu'ils désirent apporter aux lois particulières de l'île et à la convention de Halépa.

Conformément à l'article 4 de cette même convention les modifications qu'il y aurait à introduire devraient être préalablement discutées au sein de l'Assemblée et votées à une majorité des deux tiers.

Nous considérons donc cette demande de modifications comme nulle et non-avenue : attendu que les dites modifications sont contraires aux lois fondamentales et aux règlements divers de l'île, qu'elles ne sont pas conformes et proportionnées à l'aptitude de la population, qu'elles portent en outre atteinte aux droits légitimes des musulmans dont nous sommes les représentants, qu'elles ne garantissent pas leurs intérêts, qu'elles mettent en danger leur avenir et tendent à ruiner leur société en enlevant leurs droits, que la modification des lois en vigueur ne doit avoir lieu qu'en vue de bien général du pays, non pour servir les intérêts de l'un des partis au détriment des droits de l'autre.

Nous protestons énergiquement contre toutes ces dispositions qui auront infailliblement des suites plus déplorables que tous les inconvénients précédents. Nous vous présentons ci-après, les observations que nous sommes en droit de faire et sur lesquelles nous appelons votre bienveillante attention.

1° Le droit de nommer le gouverneur général, musulman ou chrétien, est un droit uniquement réservé à S. M. I. le Sultan, notre auguste maître. Exclure les musulmans de cette haute fonction, c'est prendre la religion comme une raison suffisante d'exception dans la distribution des charges gouvernementales, exception qui ne se trouve pas dans les lois fondamentales du gouvernement impérial ottoman.

Nos compatriotes eux-mêmes ont avoué que les gouverneurs musulmans réussissent mieux à administrer le pays que les gouverneurs chrétiens dont l'administration a toujours donné lieu à des plaintes fréquentes.

L'article 31 de la loi organique de Crète définit dans sa juste mesure la compétence du gouverneur général en ce qui concerne la ratification définitive des décisions de l'Assemblée générale. Nous estimons donc que les intérêts réels du pays n'auront rien à gagner de l'extension de ces pouvoirs.

La nomination et la révocation des fonctionnaires est également un droit réservé à S. M. I. le Sultan.

Le commandement de l'armée est confié dans tous les États à des officiers dans l'art militaire et relevant du ministère de la Guerre. Néanmoins la loi organique de Crète (art. 2) laisse à S. M. I. le Sultan la faculté de confier à une seule personne le gouvernement civil et militaire. Cette haute fonction ne peut donc pas être obligatoirement dévolue à un chrétien civil incompétent.

2° La représentation des deux éléments dans l'Assemblée générale et dans le conseil administratif (Idarée) et leur participation aux autres fonctions administratives ne peuvent pas se faire proportionnellement au nombre des habitants ; d'abord parce que les musulmans qui sont moins nombreux dans l'île possèdent par contre des biens relativement plus considérables et sont par conséquent plus fortement attaché au pays.

En second lieu, les habitants de Crète dont l'instruction laisse malheureusement encore à désirer, nous ont déjà prouvé que dans le cas où l'un des deux éléments jouirait dans l'Assemblée générale et dans le conseil administratif, d'une majorité absolue, il ne manquerait pas par fanatisme d'empiéter lourdement sur les droits et les intérêts de la minorité.

Cependant nos compatriotes chrétiens possèdent la majorité des places dans l'Assemblée générale, dans les communes, dans les districts et même (sans avoir pour ceci l'appui d'un règlement particulier) dans les présidences de la Justice de Paix, enfin d'autres emplois moins importants.

En effet, sur quatre-vingt députés de l'Assemblée gérérale quarante neuf sont chrétiens ; sur quatre-vingt-neuf maires, soixante-dix-neuf sont chrétiens ; sur quatorze sous-gouverneurs (Kaïmékam) neuf sont chrétiens ; sur vingt-trois juges de paix, seize sont chrétiens.

Il est demandé dans le deuxième paragraphe de cet article que les projets des lois et les motions soient discutés et votés par la majorité absolue des députés présents.

Par l'article (4) de la convention de Halépa, le législateur avait décidé dans le but de garantir à la minorité des lois qui lui étaient accordées par les lois existentes, que les projets de lois et les motions portant modification aux règlements et soumis à l'approbation de l'Assemblée générale pourraient être considérés acceptables dans le cas où ils seraient votés par les deux tiers des députés.

D'ailleurs les musulmans ont prouvé maintes fois leur bonne volonté de discuter et de noter les projets de loi qui étaient utiles au public et favorables au progrès du pays.|Il est par conséquent évident qu'il ne se refuseront pas à agir dans ce sens.

Dans le troisième paragraple de l'article (2) on demande que le gouverneur général puisse confier la présidence de l'Assemblée à l'un des députés.

Les affaires traitées dans le sein de l'assemblée sont de telle nature qu'elles intéressent d'une part les habitants de Crète et de l'autre le gouvernement impérial qni ratifie et décrète les décisions acceptables de l'Assemblée. Il est donc nécessaire que l'Assemblée soit formée des députés du peuple et du représentant de S. M. I. le Sultan qui est le gouverneur général et dans ce cas l'Assemblée présidée par le plus haut fonctionnaire de l'Etat dans l'île, travaillera avec plus de succès et s'entendra mieux dans la discussion des affaires.

3° La charge pour chaque membre du conseil administratif de veiller particulièrement sur telle ou telle administration et l'obligation imposée à ce conseil d'assister aux séances de l'Assemblée générale est impossible par le fait et par la loi.

Les attributions de ce conseil d'après les articles (14 à 21) de la loi organique suffisent largement à assurer le service ; il ne convient donc pas de vouloir les étendres pour éviter un désordre dans les affaires. La division du conseil administratif et son obligation d'assister aux séances de l'Assemblée générale lui donnerait dans ces considérations les pouvoirs d'un cabinet, ce qui est tout a fait contraire aux lois de la Crète.

Etant en outre nommés pour une période déterminée, les membres de ce conseil ne pourraient être révoqués de leurs fonctions, dans le cas même d'abus ou de mauvaises administrations. Toutes ces considérations nous font rejeter ce système incompatible avec nos intérêts comme devant produire un grand nombre de fautes et d'abus.

En proposant que la rédaction de tous les actes des tribunaux conseils ou bureaux administratifs soit fait en une seule langne. les chrétiens ont l'intention de se servir uniqnement du grec et de s'opposer par suite à l'emploi de la langue turc.

Cependant on doit tenir compte de ce que les musulmans de Crète, tout en parlant le patois grec du pays dans leurs entretiens ordinaires conservent leur langue propre et nationale, le turc dont ils font usage dans leurs relations écrites. C'est particulièrement pour cette raison que la Convention autorise l'emploi des deux langues concurremment pour la rédaction de tous les actes, procès-verbaux, etc., dans les tribunaux et bureaux administratifs.

4° Le rattachement des douanes à l'administration locale, le versement dans la caisse de toutes les recettes et le payement à la Porte d'une somme fixe et annuelle correspondant à la moitié des recettes totales de la douane sont des points qui touchent aux droits de la souveraineté impériale. Si l'on considère que l'Etat a déjà cédé aux crétois par la Convention de Halépa la moitié du produit des douanes pour leur permettre de combler le déficit du budget départemental, le trésor local n'aura aucun profit matériel à convertir le procédé actuel en un tribut annuel si ce n'est celui de faire un pas de plus vers la principauté que l'on veut définitivement établir dans le pays et qui, étant contraire aux lois constitutionnelles de l'île demeure par conséquent tout à fait inadmissible.

La même idée de principauté pousse nos compatriotes à demander le rattachement de services des Postes et télégraphes à l'administration locale, la création de timbres spéciaux.

La séparation de ces divers services du gouvernement central implique pour ainsi dire l'érection de l'île en principauté et nuit également à la souveraineté impériale.

5° Il a résulté d'une expérience de quinze ans que le service de la gendarmerie confié à des individus recrutés dans l'île n'ait point donné les résultats qu'on était en droit d'en attendre (*). Au lieu de s'appliquer à maintenir le bon ordre et à assurer aux habitants de toutes classes la sécurité complètes, les gendarmes indigènes ont beaucoup négligé l'accomplissement de leur devoir Non seulement ils se dispensaient de poursuivre leusr coreligionnaires criminels, mais souvent ils favorisaient leur fuite et présentaient toutes les facilités possibles aux prisonniers.

Ils profitaient souvent d'un moment de troubles pour quitter

(*) Voir à ce sujet la lettre datée du 4 juin 1889 du correspondant spécial de «Téimes» dont nous donnons la traduction en partie.

leurs postes et se mêler aux rebelles ; la plupart ont même osé assassiner leurs chefs musulmans avant de prendre la fuite. Les autorités et le public savent parfaitement bien que les gendarmes au lieu d'être l'appui du gouvernement qui leur donne les armes, soutenaient les insurgés et les encourageaient de toutes manières.

Il n'y aura donc lieu d'espérer de bons résultats de la seule nomination d'officiers étrangers si l'on conserve le recrutement des gendarmes parmi la population crétoise. Nous sommes tous prêts à délibérer sur cette question dans l'Assemblée générale à condition toutefois que tout le personnel de la gendarmerie : officiers et gendarmes soient étrangers.

Le moyen le plus sûr de maintenir la sécurité dont notre île a un si grand besoin, consiste dans la présence des troupes ; plus elles sont nombreuses plus la tranquillité du pays est parfaite. Leur présence dans diverses localitéde l'intérieur rassure les villageois et garantit la libre circulation de tout le monde.

Lorsque les musulmans se trouveraient sous le coup d'une menace dangereuse il faudrait alors (conformément aux exigences peu pratiques de l'article 5) que le gouverneur général demandât conseil administratif une autorisation spéciale pour l'envoi de troupes. En présence d'un conseil administratif, il y aurait à affronter mille difficultés pour faire face au danger, et, l'envoi des troupes serait exactement difficile sinon impossible.

Il est clair que les membres chrétiens du dit conseil administratif ne consentiront pas à diriger une force militaire contre leurs coreligionnaires armés dans l'intention de nuire aux musulmans, fussent-ils d'une impartialité absolue.

C'est donc une chimère d'espérer le salut de pareilles dispositions et nous n'avons qu'à rejeter ces combinaisons qui ne présagent rien de bon. Donc nous estimons que le droit de fixer l'importance et le séjour des garnisons de la Crète n'appartient ni à l'Assemblée générale ni au conseil administratif, mais bien à la souveraineté impériale ottomane.

6° Tous les peuples civilisés ont admis trois degrés de compétence des tribunaux tant pour les procès civils que criminels. Si nous réduisons à deux nous allons à l'encontre des principes universellement admis. Nous oublions ensuite que nos tribunaux dont l'état est déplorable, sont sujets à des erreurs volontaires ou involontaires. Il est donc de notre devoir d'essayer dans la limite de notre possible d'empêcher ces erreurs et de rendre la justice impartiale à tous les ayants-droit.

Il faut enfin que les tribunaux crétois demeurant sous la surveillance et le contrôle du ministère de la justice de Constantinople.

Nous sommes néanmoins tout disposés à nous entendre avec nos collègues chrétiens pour réorganiser nos tribunaux sur un pied d'égaliter et pour garantir par des réformes judiciaires les droits de tous les habitants de l'île.

7° En vertu de l'article 4 de la Convention de Halépa, les lois qui seraient promulguées dans l'Empire ottoman et qui ne seraient pas en contradiction avec les lois particulières de l'île de Crête devant y être également mises en vigueur et les modifications apportées à certaines d'entre elles, ainsi que les autres lois, ayant paru dans le journal officiel et étant toute conformément à l'article 5 de procédure civile de l'île, obligatoirement applicable dans le pays, l'ensemble des opérations juridiques et politiques, ainsi que l'organisation de tous les bureaux administratifs seraient renversés de fond en comble si les propositions des chrétiens étaient admises et appliquées. Néanmoins nous sommes disposés à discuter et à voter dans l'assemblée générale les lois et les modifications jugées conformes aux besoins du pays.

8° Un règlement pour la caisse des retraites des employés crétois ayant été élaboré et approuvé l'année dernière, l'Assemblée générale verra s'il y a lieu d'y faire ubir certaines modifications .

9° Ayant tous à cœur l'amélioration des finances de la Crète, l'Assemblée générale prendra l'affaire en main et essayera de trouver le moyen de combler en même temps le déficit du budget.

10° En vertu de la convention de Halépa des sociétés savantes peuvent être créées dans l'île et des imprimeries peuvent publier toutes sortes de livres et de journaux. Toute personne pourra, comme par le passé, ouvrir des imprimeries et publier des livres et des journaux en se conformant bien entendu à la loi sur la presse. Si cette loi présente quelques points demandant à être modifiés pour la rendre propre aux exigences de la localité, l'Assemblée générale en sera avisée.

11° L'expulsion des Magriblis (originaires de la Cyrénaïque). Le but qu'on vise en mettant en avant une pareille proposition est de diminuer l'influence des musulmans et par suite de restreindre leurs droits civiques dans le pays.

Ce qu'on entend par le mot magriblis, n'est pas, comme on pourrait le supposer, une bande émigrante arrivée depuis une dizaine d'années des rives africaines. La plupart d'entre eux sont les descendants d'un petit nombre d'arabes venus depuis un siècle environ s'établir dans les environs de la ville. Ils sont donc nés ici et devenus nos propres concitoyens ; grace à leur activité, ils sont en outre propriétaires de biens, meubles et immeubles ; ils se livrent volontiers à toutes sortes de commerce et d'industrie, ils possèdent au même titre que nous ; leurs droits civiques ne peuvent être considérés que comme de vrais indigènes de notre pays. Une faible partie de cette population est venue plus tard à des dates différentes se fixer ici comme portefaix, bouchers, terrassiers, ouvriers, etc. Ceux-là aussi ont pour la plupart une maison à eux et une famille laborieuse.

Les pays civilisés font de leur mieux pour voir augmenter leur population. L'île de Crête dont une belle partie reste inculte faute de bras, a plus que toutes les autres contrées un grand besoin d'être peuplée.

En dehors des tripolitains et bengaziotes, il y a heureusement des personnes qui viennent soit des provinces ottomanes, soit de la Grèce et même de l'Europe pour demander un abri à cette terre hospitalière.

Pourquoi tous ces immigrants de religions différentes et de diverses nationalités trouvent-ils aisément un asile sûr à côté de nous, et pourquoi les arabes sous prétexte de quelques crimes personnels et incertains qu'on attribue vaguement à quelques-uns d'entre eux, sont-ils frappés dans leur ensemble de la peine d'expulsion ? Peut-on se figurer en face de l'humanité une injustice plus flagrante, une cruauté plus blessante ! Supposons que certains individus appartenant à une communauté quelconque aient commis un crime, serait-il juste d'étendre la tache qui souille seulement les auteurs du crime à tous les individus de la communauté et de rendre responsable un grand nombre d'innocents qui n'ont point participé au crime des malfaiteurs. Se figure-t-on un acte d'injustice plus vil et plus odieux, et la civilisation au sein de laquelle nous vivons peut-elle être propice à des actes de barbarie résultant uniquement des haines personnelles ? Y a-t-il un état qui foule aux pieds les droits légitimes d'une certaine classe de ses sujets pour satisfaire le désir injuste d'une autre classe.

Etant donné qu'un simple criminel ne peut être condamné avant d'être légalement jugé, nous ne pouvons voir avec indifférence expulser sans nulle forme de procès une foule de gens innocents.

Nous avons le ferme espoir que le monde civilisé justifiera notre opinion et regrettera avec nous des idées si peu philanthropiques.

12° Il est juste de dédommager les personnes qui ont souffert dans leurs immeubles pendant l'insurrection. Il faudra par conséquent soumettre cette question à la délibération de l'Assemblée générale et chercher des ressources pour satisfaire les endommagés. Nous espérons que S. M. I. le Sultan consentira à réparer les pertes subies par les malheureux habitants. Les musulmans crétois n'aspirent qu'à la sécurité dont ils ne jouissent plus depuis quelque temps ni dans leur bien, ni dans leur personne. Ils souhaitent vivre fraternellement avec leurs compatriotes chrétiens et bénéficier des avantages dont nous sommes appelés à profiter en commun.

Mais nous voyons avec regret que nos compatriotes chrétiens présentent dans leur famille des propositions qui ne peuvent avoir des résultats heureux, mais qui au contraire visent à troubler encore davantage la situation regrettable du pays. Ces propositions tendent surtout à annuler les droits et les intérêts des musulmans qui forment une partie considérable de la population de l'île et sont de plus fortement attachés au pays par leurs biens de toute nature.

Nous avons le ferme espoir que les exigences des chrétiens ne seront pas favorablement accueillies et que l'autorité qu'ils désiraient avoir sur les musulmans ne leur sera point accordée.

(Suivent les signatures des députés musulmans).

Pétition adressée le 6 août 1896 à S. E. Perovitch Pacha par les députés musulmans et communiquée ensuite aux Consuls des grandes puissances :

Excellence,

Bien que l'île de Crète dut être comptée parmi les vilayets les plus privilégiés de l'Empire Ottoman, comme modèle du bonheur et de la prospérité grâce aux faveurs et aux exemptions innombrables que S. M. I. le Sultan, Notre Auguste Souverain, a bien voulu lui accorder, nos compatriotes chrétiens, enivrés par des intentions exagérées et malveillantes, et abusant de ces privilèges, fomentent malheureusement au contraire des troubles et des insurrections dont les coups terribles ont réduit l'île dans un état de ruines et ont exposé la population musulmane à des préjudices insupportables et à des dangers imminents.

Pendant les deux derniers mois de l'insurrection qui règne dans l'île depuis un an, nos compatriotes chrétiens ont incendié les immeubles des musulmans, dilapidé leurs effets et meubles et de plus, massacré leurs familles. Les membres chrétiens de l'Assemblée générale, voulant voiler ces actes odieux, regardés avec horreur partout le monde civilisé, ont adressé à Notre Excellence un rapport contenant des calomnies tout à fait indignes de leur qualité de compatriotes, dans lequel ils essaient d'imputer injustement aux habitants musulmans dont l'innocence est indiscutable, tous les crimes et méfaits afin de faire approuver au Gouvernement leur demande de modifications très nuisibles qu'ils cherchent à apporter dans l'administration du pays. Ainsi que l'état de choses démentira d'une manière positive les exagérations et les calomnies insérées dans ce rapport, leur véracité pourra être réfutée formellement, en cas de besoin, par des constatations locales bien strictes.

En vue de défendre la cause publique, nous croyons de notre devoir de vous donner des renseignements amples et exacts sur les méfaits commis contre les musulmans, concernant leur vie, leur honneur et leurs propriétés. Ces renseignements sont en état de démentir le contenu inexact et malveillant du rapport mentionné :

1e Dans le caza de Kidonia, district de la Canée, aux villages Psathoïano, Babiolo, Vatolacos, Alikianon, Confo, Gouranou, Striné, Psyrès, Roumata, Sébrona, Loutraki, Piscopi, Modi, Lymnidéré, Vlachéronitissa, Sirili et Pirgo, toutes les habitations des musulmans ainsi que leurs établissements pour l'extraction de l'huile, une partie de leurs oliviers et la mosquée de Roumata ont été incendiés par les chrétiens. Le matériel des fabriques d'huile et les bestiaux des musulmans habitant les villages sus-nommés ont été emportés, et, 24 hommes, 4 femmes, 8 enfants massacrés par les insurgés.

Les membres chrétiens de l'Assemblée générale ont-ils oublié les atrocités et les actes sanglants qui ont été commis par leurs coreligionnaires contre les habitants musulmans des villages de Sébrona, Roumata, Valchéronitissa et Psyrès ?

Dans le caza de Kissamo, les meubles, les provisions, le matériel des fabriques d'huile et les bestiaux des habitants des villages Courfalona, Cotchiana, Messonissi, Messoya, Malatiro, Messavlia, Tchikaliana et Polémarchi ont été volés ; dans les villages musulmans Caléria, Adji, Braghon, Photokado, Koussoyergiana et Apanokéfala, toutes les habitations et une partie des oliviers ont été incendiés, les meubles et les bestiaux des habitants enlevés, 4 hommes et 1 fille tués.

Dans le caza de Sélino : les villages musulmans de Stratous, Ahladiakès, Azoïrès et Aligous, ont été complètement mis en feu ainsi qu'une partie des oliviers ; dans les villages Djagariako, Pélécano, Sarakina, Strovlès, Tripès, Floria, Sélia et Milonès, les maisons et les usines d'huile des musulmans ont été détruites, leur matériel et leurs bestiaux emportés, trois hommes de tués.

2o Dans le caza d'Apocorona, district de Sfakia, toutes les fermes, les habitations et les usines d'huile des musulmans habitant les villages Armenous, Vamos et Ramny ont été complètement incendiés, leurs meubles et leurs bestiaux emportés et la mosquée d'Armenous détruite par la dynamite.

Dans le Caza d'Aïos-Vacilis : les chrétiens ont incendié toutes les maisons et usines musulmanes dans les villages Frati, Diblohori, Lacos, Tchikalario, Kisso, Spily, Lambini, Palio-Loutraki et en partie celles du village Atchipadès ; ils ont aussi emporté et détruit tous leurs meubles et outils, etc., et massacré un habitant.

3° Dans les dépendances du district de Rettimno : Aïos-Georgni (*), Piscopi, Kato-Vorsamonéro, Apano-Vorsamonéro, Palélimni, Saïtourès, Aïos-André, Monopari, Atchcpopoulo, Galos, Adilé, Pygi, Amnato, Aïos-Dimitri, Hamalevri, Astéri, Bagalohori, Aïa-Triada, ont été complètement incendiés ainsi que toutes les fabriques d'huile ; cinq mosquées ont été dévastées, la récolte et tous les effets enlevés.

Dans le Caza de Milopotamo : les villages Dalambelo, Anguélina, Prino, Caïnardjé, Scouloufia, Rousalovia, Crassouna, Humeri, Viran-Piscopi, Avadanitès, Spiridiana, Roumeli, Perama, Porachimo, Erfous, Sképas, Alfa-Anadado, Psalidès, Mélissourgaki ont été brûlés complètement, ainsi que trois mosquées et les villages de Castelli ; les bestiaux, les marchandises et tous les meubles emportés.

Dans le Caza d'Amari : Hardaki, Patiho, Valoniès, Clissidi, Gena, Vathiaco, Platano, Indonasso, Thronos, Merona, Apocédi, Nithavri, Gournès, Apodoulou, Jeracori, Platania ; les maisons et les usines ont été brûlées, les bestiaux emportés, 22 hommes et un enfant de 7 ans ont été tués et 17 blessés.

4° Dans les dépendances de Candie, à Pyriotitcha, et à Kenourio, plusieurs villages ont été brûlés et dévastés, les bestiaux et autres objets emportés.

Les habitants de ces villages, accablés par les atrocités des chrétiens, s'étant mis en route pour se rendre à la ville, ont été assaillis par ceux-ci qui se tenaient en embuscade à Aïos-Déca. Le nombre de tués et blessés s'élève à 20, parmi lesquels les

---

(*) En 1889, ce village fut brûlé complètement, les habitants qui avaient été assiégés par une foule de chrétiens, ont subi de terribles souffrances. Les actes atroces et très lâches commis par les chrétiens dans ce village sont indescriptibles.

- 48 -

autorités locales et Messieurs les Consuls ont remarqué avec terreur un enfant de 9 mois baigné dans une mare de sang.

Dans le caza de Malévise, les immeubles des musulmans à Pendamouth, Kéramoutchi et Calos furent mis en feu, les bestiaux et autres objets emportés, 2 hommes tués et un autre brûlé vif chez lui.

Dans le caza de Kenourio, à Vacilika Anoïa, Mouladaki, Mazloum Effendi fut massacré avec férocité ; à Athanatos, où les chrétiens se tenaient cachés, il y a eu aussi 3 musulmans de tués et 5 à Scala.

5° Dans le district de Lassiti, les chrétiens n'ont pas encore attaqué les musulmans, mais des secours de toutes espèces (vivres, munitions, armes, etc.), leur ayant été envoyés en abondance, ils s'apprêtent au brigandage, et, après avoir retiré leurs familles vers les montagnes, ils ont commencé à bloquer chaque soir les villages des musulmans, de sorte qu'il est à craindre que la sécurité de ces derniers ne soit mise en défaillance et qu'ils ne soient victimes d'atrocités comme dans les autres parties du pays (1).

6° L'insurrection ayant commencé avant la moisson, les récoltes sont tombées entre les mains des chrétiens qui ont aussi osé brûler les établissements militaires, les mosquées, et comme nous l'avons dit, tous les immeubles des musulmans. L'empressement des musulmans habitants différents cazas, à se réfugier dans les villes étant causé, comme on le sait, par les atrocités et les vexations des chrétiens et par la fuite de leurs familles aux montagnes, ainsi que par le siège fait à l'improviste de quelques villages, nous sommes bien étonnés que la prétention des chrétiens qui accusent les musulmans d'avoir émigré sans aucune nécessité pressante.

Les immeubles et les bestiaux des musulmans éloignés de leurs domiciles étant pillés et incendiés, on dit que quelques-uns d'entre eux, dépourvus de bon sens et poussés par la vengeance, se sont esquivés furtivement pour aller commettre quelques dégâts dans les villages chrétiens. Il est incontestable

(1) Effectivement ces pauvres musulmans ont souffert d'épreuves terribles de la part des chrétiens.

que ces dégâts ne peuvent jamais être que très insignifiants en comparaison de ceux qui ont été commis par les chrétiens.

Contrairement à leur habitude, nos compatriotes chrétiens n'ayant pas attenté à la vie de trois ou quatre musulmans tombés entre leurs mains, il est très surprenant qu'un pareil acte d'humanité soit compté par eux comme preuve absolue de leur désir de sécurité en face des méfaits horribles sans nombre qu'ils ont commis jusqu'à présent.

Si les chrétiens ont bien voulu respecter la vie de trois ou quatre personnes, en revanche, les musulmans ont montré plus d'une fois leur humanité envers leurs compatriotes. Nous pouvons citer comme exemple : 1° 70 personnes qui, gardées pendant quinze jours dans le village de Pervolia ont été livrées saines et sauves au gouvernement ; 2° les 70 autres chrétiens qui, trouvés aux environs de Retimo, ont été accompagnés par les musulmans jusqu'à leurs villages éloignés de cinq heures ; 3° deux chrétiens tombés à Tsikalaria (Canée) entre les mains de Hussein Aga Oustalaki dont le fils était tué et le gendre blessé n'ont subi aucune menace. Cet acte d'humanité suffit pour mettre à jour que ce sont les musulmans qui respectent le plus leurs devoirs envers leurs compatriotes.

Les actes criminels commis dans les villes et qui ont eu pour effet la violation de la sécurité publique, ainsi qu'est bien connu de Votre Excellence, ne sont autre chose que la conséquence immédiate des visées malveillantes des chrétiens enivrés par des prétentions illusoires.

Cet état déplorable a pour but l'approbation des demandes nuisibles aux musulmans, et nos compatriotes, profitant de ce désordre laissent fermés leur magasins et s'enfuient en Grèce pour montrer une terreur plaintive. En résumé, tous les évènements qui ont eu lieu dans les villes étant provoqués contestablement par des démarches insurrectionnelles des chrétiens, les musulmans ne peuvent s'empêcher de blâmer avec raison les plaintes que ceux-là portent contre leurs compatriotes à cause des méfaits qu'eux-mêmes ont commis. (*)

(*) On verra plus loin d'innombrables actes attribués aux musulmans et qui ont été commis par des chrétiens.

La non-propagation de cet état déplorable dans les districts de Candie et de Lassiti attribué au zèle et au désir de sécurité des chrétiens a été absolument causée parce que la population musulmane dans ces parages est plus nombreuse que celle des chrétiens, de sorte que les démarches révolutionnaires de ces derniers sont restées provisoirement infructueuses. Malheureusement le débarquement dans l'île des armes, des munitions et des volontaires venus de la Grèce, le commencement des agressions des chrétiens contre les musulmans et les massacres des familles de ceux-ci ont suffi pour soulever ces deux districts.

Les chrétiens prétendent que les musulmans, dépassant le cordon militaire, vont voler leurs biens, et, poursuivis, rentrent dans les forteresses et vendent aux enchères le butin emporté. Cela est complètement dénué de fondement.

En résumé, notre île étant un des pays les plus privilégiés, devrait être le centre de la prospérité, de l'abondance et du bien-être. Mais malheureusement, les insurrections perpétuelles organisées de temps en temps par les chrétiens rendent notre pays si fertile presque semblable à un désert. Comme nous avons expliqué à Votre Excellence dans notre rapport daté du 10 juillet 1312 (*) (22 juillet 1896) les conséquences fâcheuses que causeront les demandes formulées par les chrétiens, nous nous abstenons d'entrer dans des détails, et nous vous exprimons encore une fois le désir extrême que les musulmans ressentent de voir régner la sécurité complète du pays et nous vous prions de vouloir bien donner les ordres nécessaires pour le rétablissement de la tranquillité en repoussant le rapport daté du 20 juillet que nos compatriotes ont adressé à Votre Excellence (Suivant les signatures des députés musulmans).

(*) Toutes les pièces ont été adressées aussi au Gouverneur général.

CHAPITRE III

ARRANGEMENT. — OBSERVATIONS DES DÉPUTÉS MUSULMANS.
OBSERVATIONS GÉNÉRALES SUR L'ARRANGEMENT.
LA SITUATION DE CRÈTE.

Voici la liste de l'arrangement conclu entre le Sultan et les Grandes Puissances :

ARTICLE PREMIER. — Le Gouverneur général de Crète sera chrétien et nommé pour cinq ans par le Sultan, avec l'assentiment des Puissances.

ART. II. — Le Gouverneur général aura le droit de veto sur les lois votées par l'Assemblée, à l'exception de celles qui visent à des changements aux règlements constitutionnels de l'île (statut organique, pacte d'Halépa et ses modifications), lesquelles seront soumises à la sanction de S. M. I. le Sultan.

Le droit de veto s'exercera dans un délai de deux mois, passé lequel, les lois seront considérées comme sanctionnées.

ART. III. — Le Gouverneur général pourra, en cas de troubles dans l'île, disposer pour le rétablissement de l'ordre, des troupes impériales qui, en dehors de ces cas, se tiendront dans leurs garnisons ordinaires.

ART. IV. — Le Gouverneur général nommera directement aux emplois secondaires, dont la liste sera ultérieurement fixée. Les emplois supérieurs resteront à la nomination du Sultan.

ART. V. — Les fonctions publiques seront attribuées pour les deux tiers aux chrétiens et pour un tiers aux musulmans.

ART. VI. — Les élections de l'Assemblée Générale et les sessions de cette assemblée auront lieu tous les deux ans.

Les sessions dureront de 40 à 80 jours.

L'Assemblée votera le budget biennal, vérifiera les comptes, discutera et votera à la majorité des membres présents les projets des lois et propositions qui lui seront soumis par le Gouverneur général ou les députés.

Les propositions relatives à des modifications à introduire

dans les règlements constitutionnels de l'île devront être votés à la majorité des deux tiers.

Aucune loi nouvelle ne sera applicable si elle n'a pas été votée par l'Assemblée.

ART. VII. — Les propositions tendant à une augmentation de dépenses du budget ne peuvent faire l'objet d'une discussion de l'Assemblée que si elles sont introduites par le Gouverneur général, le conseil administratif ou les bureaux compétents.

ART. VIII. — 1° Les dispositions du Firman de 1887 accordant à la Crète la moitié du revenu des douanes de l'île seront remises en vigueur.

2° L'impôt sur l'importation du tabac appartiendra à l'Ile.

3° La Sublime Porte prend à sa charge les déficits provenant des budgets non votés par l'Assemblée, déduction faite des sommes avancées à l'Ile par le Trésor Impérial.

ART. IX. — Une commission comprenant des officiers européens procédera à la réorganisation de la gendarmerie.

ART. X. — Une commission comprenant des jurisconsultes étrangers étudiera les réformes a opérer dans l'organisation de la justice, sous la réserve la plus expresse des droits résultant des capitulations.

ART. XI. — La publication des livres et journaux, la fondation d'imprimeries et celle de sociétés scientifiques seront autorisées par le Gouverneur général conformément à la loi.

ART. XII. — Les immigrants originaires de la Cyrénaïque ne pourront s'installer en Crète sans autorisation du Gouverneur Ce fonctionnaire aura le droit d'expulser tout individu qui ne pourra justifier de moyens d'existence ou dont la présence lui paraîtra dangereuse pour l'ordre publique, sous la réserve des droits acquis aux sujets étrangers.

ART. XIII. — Dans les six mois qui suivront la sanction des présentes dispositions, l'Assemblée générale sera convoquée et les élections seront ordonnées conformément à la loi de 1888. Jusqu'à la réunion de l'Assemblée, le Gouverneur général, d'accord avec le Conseil administratif, réglera par des ordonnances provisoires l'exécution des présentes dispositions.

NOTA. — Les représentants des Puissances sont d'avis qu'il y a lieu d'accueillir favorablement la demande d'établissement d'une surtaxe douanière destinée aux indemnités pour les dommages causés par les derniers événements. Mais il est essentiel d'après eux, d'en faire surveiller l'emploi par les Consuls.

Cette liste ayant été remise par le Conseil des Consuls des grandes Puissances aux députés avant d'être proclamée par le Gouvernement Impérial, les députés musulmans adressèrent à ce conseil consulaire à titre privé les remarques responsives suivantes :

Dans l'ART. III. — En dehors de ces cas se tiendront comme *auparavant dans leurs garnisons ordinaires qui se trouvent dans les villes et les districts.*

Dans l'ART. V. — A l'exception des membres des conseils administratifs et des tribunaux qui sont nommés en nombre égal d'après le règlement organique et le Pacte de Halépa.

Pour le maintien de l'ordre du service en deux langues dans les bureaux des tribunaux, il faut que les secrétaires soient nommés aussi également d'après les lois constitutionnelles de l'île.

Dans l'ART. IX. — Tous les officiers de la gendarmerie ne seront ni des sujets grecs, ni des indigènes, mais exclusivement des Européens; le tiers des gendarmes comprendra des musulmans et des chrétiens indigènes et le reste sera recruté parmi les habitants des autres parties de l'Empire.

Dans l'ART. X. — Pour que l'équilibre de la justice ne soit troublé, les présidents des tribunaux de première instance, celui de la cour d'appel ainsi que le procureur général du vilayet né soient ni des indigènes, ni des grecs.

Dans l'ART. XII. — Ce fonctionnaire aura le droit d'expulser, *après jugement et pour une période fixée,* tout individu, etc., etc.

Voici le memorandum que les députés musulmans ont adressé finalement aux consuls des grandes Puissances.

Monsieur le Consul,

Les vœux de l'élément chrétien, qui n'aboutissent absolument qu'à ses intérêts politiques nationaux et qui n'ont vraiment aucune relation avec ceux du pays, ayant été pris en considération dans l'arrangement conclu entre S. M. I. le Sultan et les grandes Puissances en vue du rétablissement de l'ordre public, il paraît qu'aucun regard de miséricorde n'a été jeté pour l'intercalation d'une remarque particulière ayant pour but d'assurer l'avenir de l'élément musulman qui est depuis quinze ans victimes d'actes agressifs et atroces continuels de la part de quelques chrétiens rebelles.

La présence d'une pareille remarque aurait certainement produit un excellent effet avec le zèle équitable que les Puissances ont montré pour le rétablissement de la sécurité, et, n'ayant en vue la majorité et la minorité, elle n'eût pas laissé cette dernière aux prises avec la première, ce qui est digne de la justice et de la magnanimité de la civilation.

Pour la majorité : comme il est connu de tout le monde, les troubles proviennent des chrétiens, généralement sous prétexte d'accroissement des privilèges et quelquefois de querelles entre les deux partis; dans ces deux cas les musulmans innocents attaqués exercent leur droit de légitime défense et cette émeute dégénère en un désordre général.

Dans ce cas si les grandes Puissances prennent en considération les droits fondés de l'élément musulman, celui-ci sera autant que possible à l'abri des offenses chrétiennes en cas de troubles, et, de cette façon, l'émeute étant restreinte dans un cercle limité, il en résultera d'immenses avantages pour tout le pays, ainsi que de grands effets moraux pour la stabilité de la sécurité. D'après les causes expliquées plus haut, nous avons l'honneur de vous prier, au nom de tous les musulmans dont l'unique désir est de vivre en paix, de vouloir bien conseiller au gouvernement dont vous êtes le représentant l'approbation et l'addition d'une | remarque visant à ce que les droits légitimes de l'élément musulman ne soient pas tenus hors de considération par le Sultan, d'accord avec les grandes Puissances.

Dans l'espoir que notre demande sera favorablement accueillie, nous avons l'honneur de vous exprimer notre considération la plus distinguée.   *(Suivent les Signatures).*

OBSERVATIONS GÉNÉRALES SUR L'ARRANGEMENT

Nous avons dit plus haut que la situation politique de l'Ile a dû changer par la proclamation de cet arrangement. Il est nécessaire de dire un mot sur les dispositions prises.

Notre pays si fertile, qui est devenu presque semblable à un désert, présente dans la politique un point très nébuleux.

Il est incontestable que toutes les révolutions organisées jusqu'à présent ont été provoquées par des intrigues politiques qui sont toujours la cause de tout désastre possible.

Si la Crête jouissait d'une importance secondaire, il est évident que ses habitants seraient toujours tranquilles et n'auraient point à souffrir des atrocités des chrétiens. L'arrangement que les grandes Puissances ont conclu cette fois avec S. M. I. le Sultan suffit pour mettre à jour l'importance de l'île. Les Puissances, poussées par le désir de mettre fin à la question crétoise, dont la prolongation pourrait très bien avoir des suites très graves dans la politique, ont conclu un arrangement qui, à première vue, paraît très clair et d'une concision satisfaisante, mais qui a, malheureusement, un grand besoin d'une interprétation ingénieuse et prudente pour donner l'équilibre aux droits positifs des deux éléments.

Les protestations des musulmans n'ayant pas été prises nullement en considération, il s'en suit que dans leurs droits l'égalité n'est point maintenue, et, de plus, l'élément chrétien qui est toujours l'unique mobile des révolutions, jouit d'une influence et d'une autorité frappantes. Cependant, nous croyons

très utile d'ajouter que, grâce à de bonnes interprétations, la
sécurité et la prospérité de l'île pourraient être assurées.

Les grandes Puissances, qui se chargent d'une inspection
dans l'exécution des dispositions prises, doivent, si elles veulent
vraiment la tranquillité du pays, prendre des mesures radicales
pour empêcher toutes sortes d'inconvénients et chercher autant
que possible à défendre la cause commune et non point à protéger
la majorité. Nous ne croyons jamais qu'elles voudront priver les
musulmans de leurs droits positifs, et pour cela nous espérons
que cette inspection sera exécutée avec l'impartialité la plus
stricte. Nous ne pouvons point nous empêcher d'ajouter aussi que
les Puissances portent beaucoup atteinte à leurs intérêts politiques en se faisant représenter en Crête (à Candie et à Rettimo)
par des agents consulaires indigènes ou d'origine grecque qui ont
plusieurs fois abusé de leur mission en pressant ouvertement le
parti des chrétiens; messieurs les Consuls qui résident à la Canée
éprouvent des difficultés parfois à s'entendre avec ces agents qui
leur fournissent des nouvelles toujours exagérées.

En résumé, les agents consulaires dont l'influence est remarquable à Candie et à Rettimo et qui devraient à proprement
parler ne s'occuper que de la défense des intérêts commerciaux
du Gouvernement qu'ils représentent, dépassent la limite de
leurs devoirs et sont pour ainsi dire de vrais obstacles pour
l'harmonie et l'ordre du pays. Nous nous abstenons de démontrer
ce que nous avançons par des preuves indiscutables tout en espé-
rant que les grandes Puissances, dans l'intérêt du pays, voudront
bien remédier à cet inconvénient.

Les remarques que les députés musulmans ont faites aux
Consuls des grandes Puissances sont dignes d'être prises
en considération dans l'interprétation de l'arrangement. Les
deux points essentiels sont l'organisation de la gendarmerie
et de la justice. Si les grandes Puissances, d'accord avec S. M. I.
le Sultan, Notre Auguste Maître, désirent la sécurité de la Crête,
elles doivent absolument prendre en considération ces deux
points principaux et procéder d'une manière sérieuse et juste à
des mesures strictes pour l'organisation des réformes administratives et judiciaires.

LA SITUATION DE CRÈTE

Après la proclamation officielle de l'arrangement, les chrétiens qui avaient dévasté presque tous les villages musulmans, complétèrent leur mission ignoble. Les arbres fruitiers qui restaient encore furent brûlés ou coupés, de sorte que les paysans musulmans se trouvent sans asile et privés de tout moyen d'existence. L'huile d'olives étant le seul produit qui suffit à pourvoir aux besoins des paysans musulmans, les chrétiens ont eu l'idée de les priver de cette ressource; une maison brûlée peut être reconstruite facilement, mais pour qu'un olivier arrive à l'état de donner des produits, il faut au moins cinq ans; il s'en suit donc que les pauvres musulmans sont ruinés d'une manière atroce. Ces dégâts sont irréparables. Les paysans musulmans retirés dans les villes ne peuvent en grande partie retourner à leurs villages; où vont-ils habiter? Leurs maisons n'existent plus.

La misère commence à faire son apparition effrayante. Un grand nombre de ces pauvres ruinés vivent de l'aumône et des secours pécuniaires de quelques personnes charitables. Tout homme consciencieux qui visitera les villages ne pourra retenir ses larmes en voyant le désastre qu'ils ont subi.

L'hiver approche et la misère augmente. Les chrétiens sont plus durs que dans toute autre époque. Ils refusent le moindre secours à leurs compatriotes musulmans. Un grand nombre de ces derniers a été privé même de l'hospitalité. Nous nous faisons un grand plaisir à croire que dans notre second livre qui paraîtra l'année prochaine, des actes atroces pareils n'y figureront point et que tout son contenu sera une description de l'état de prospé que nous souhaitons à l'île.

Nous invitons nos compatriotes chrétiens à une amitié fraternelle et à des sentiments un peu humanitaires en leur promettant une réciprocité absolue de la part des musulmans.

EPILOGUE

LES CHRÉTIENS DE CRÈTE

Pendant les guerres d'indépendances de la Grèce, les germes de révolution semées par l'Etéria dans les veines de l'élément chrétien ont commencés à pousser en Crète, sans avoir pu heureusement arriver à un développement complet.

Les Crétois poussés par la Grèce qui avait recouvré son indépendance grâce à l'appui matériel et moral de l'Europe, ont commencé à séduire tout le monde, et, sous prétexte de l'Union de Crète à la Grèce, ont commis des méfaits si horribles qu'il nous est impossible de décrire. Ils avaient remarqué que le gouvernement impériale était capable de réprimer toute sorte d'insurrection et avaient pris à cet époque l'initiative de faire de l'instruction un instrument pour l'insurrection.

Les jeunes Palikars qui étaient allés en Grèce pour terminer leurs études et qui malheureusement ont envenimés leur esprit par les idées illusoires des Grecs, contrairement à leur devoir de soumission au gouvernement impérial qui n'a d'autres fautes que d'avoir sauvegarder d'une manière très frappante leur religion, leur nationalité et leur langue, ont poussé leurs coreligionnaires à la révolte pour porter atteinte au droit de souveraineté.

Voici la traduction de quelques paragraphes de la lettre que M. Stylman, correspondant du *Times* a adressé de la Canée en date du 4 juin 1889 son journal.

« Il n'existe aucun pays, outre la République de Saint-Marin possédant des règlements si libéraux que l'île de Crète.

Cependant cette constitution si large a été très funeste pour la Crète.

« Les jeunes chrétiens qui ont terminé leurs études en Grèce sont les signes du malheur des circonstances actuelles si graves. Ceux-ci, embrassant les carrières de médecine, de droit, de professorat, retournent en Crète et deviennent chef des partis ; comme ils tiennent beaucoup à avoir des positions, ils abusent plus que les autres, des lois et des règlements. Les professeurs sont beaucoup plus en arrière de la civilisation que tout autre personne.

« Les crétois qui jouissent de constitutions si libérales croient en vain que l'union de l'île à la Grèce mettra fin à tous les malheurs possible. Il faut dire au moins que ces malheurs ne sont point causés par la mauvaise attitude du gouvernement impérial et qu'il est beaucoup à craindre que la Grèce soit capable de remédier à cette situation déplorable. »

D'une part, les chrétiens se présentent au monde civilisé comme victime des barbaries des Turcs.

Pour attirer la compassion de l'Europe, ils font insérer dans les journaux européens des articles qui portent des titres très touchants comme : Méfaits des Turcs ; cruautés des musulmans, etc ; dans lesquels ils disent que les troupes impériales détruisent les églises, que les prêtres sont égorgés comme des moutons (*), que les femmes et les enfants sont brûlés vifs ; voici quelques exemples frappants de la conduite des chrétiens.

Dans plusieurs villages et surtout à Galata (près de la Canée) les chrétiens creusèrent les tombeaux du cimetière chrétien et et mirent à découvert les os et les squelettes ; après cette opéra-

(*) Dans un journal parisien, il existait un tableau présentant cette scène inventée.

tion ils avertirent tout le corps consulaire de cette férocité en l'attribuant aux pauvres musulmans ; tout le monde étranger blâme cette action ; Sir Billioti, consul d'Angleterre, le correspondant du *Times* et le commandant du *Hood* allèrent faire des constatations sur la place et ne purent s'empêcher d'xprimer leur mécontentement contre les musulmans qu'ils croyaient être les vrais auteurs. Nous déclarons que la ruse des chrétiens a été découverte officiellement, mais malgré tout la presse ne rendit point justice aux musulmans.

A Vonkaliès, le cimetière musulman a été détruit et les os furent mis au feu.

A Aïos-Vacili les chrétiens tuèrent un soldat, et après l'avoir coupé en morceaux quelques-uns parcouraient le village en criant : « Qui veut de la viande militaire ! »

A Patcho, deux musulmans ont été égorgés comme des moutons et ensuite brûlés.

A Piscopi, trois musulmans furent également égorgés, parmi eux se trouvait un petit enfant qui a été brûlé.

A Spili, un sergent qui avait la mission d'arranger les poteaux télégraphiques fut égorgé ; les femmes et les enfants présents à cette scène lui cassèrent la tête à coups de pierres.

A Vrissès, le tombeau de Saki Ahmed Dédé fut détruit par la dynamite.

(Inutile d'ajouter que ces méfaits sont reconnus par des chrétiens).

Après tant d'atrocités commises contre l'élément musulman, nous croyons qu'il est injuste de l'accuser de barbarie et de cruautés.

Au nom de l'humanité et de la justice, nous demandons à nos chers lecteurs si les musulmans, en présence de méfaits pareils devaient ou non se défendre et répondre. Cependant ils n'ont commis aucun acte de cette catégorie, ils ont été plus humains que leurs compatriotes. Ils ont prouvé qu'ils n'étaient pas cruel comme on les connait. Nous éprouverons un grand plaisir en pensant que les musulmans de l'île sont aptes à tout progrès et à tout développement moral et nous dirons avec M. Stylman que « l'élément le plus intelligent et le plus aspirant à la sécurité et à la prospérité du pays est l'élément musulman. »

Nous conseillons à nos compatriotes chrétiens de laisser, au nom de l'humanité, toute hostilité et toute répugnance ou aversion contre les musulmans et s'unir à eux pour vivre fraternellement en cherchant toujours le progrès moral et matériel de leur patrie sous la haute suzeraineté de S. M. I. le Sultan, Notre Auguete Maître. Car nous sommes d'avis, d'accord avec quelques diplomates distingués de l'Europe, que la « Crête ne peut être plus heureuse que sous la Haute suzeraineté du Sultan. »

Cette idée de ces grands diplomates est indiscutable ; les chrétiens mêmes l'avouent, mais malheureusement, ils se laissent entraîner par des intrigues politiques qui ne manquent point dans notre pays.

Nous devons ajouter aussi que le remède le plus efficace de la haine et de l'aversion chrétiennes contre l'élément musulman est la propagation de l'instruction mixte dans le pays. Si cela se fait dans l'île, on pourra s'assurer de la sécurité, de la prospérité et du bien-être de notre pays si fertile.

Imprimerie L. LHEN, 35, rue du Four, Paris